Estética e Teatro Alemão

Coleção Debates
Dirigida por J. Guinsburg

Equipe de Realização – Edição de Texto: Iracema A. Oliveira; Revisão: J. Guinsburg; Produção textual: Luiz Henrique Soares e Elen Durando; Produção: Ricardo W. Neves, Sergio Kon e Lia N. Marques.

anatol rosenfeld
ESTÉTICA E TEATRO ALEMÃO

ORGANIZAÇÃO E NOTAS: NANCI FERNANDES

 PERSPECTIVA

CIP-Brasil. Catalogação na Publicação
Sindicato Nacional dos Editores de Livros, RJ

R726e
    Rosenfeld, Anatol, 1912-1973
       Estética e teatro alemão / Anatol Rosenfeld ; organização
Nanci Fernandes. -- 1. ed. -- São Paulo : Perspectiva, 2017.
       232 p. ; 21 cm. (Debates ; 341)

       ISBN: 978-85-273-1085-7
       1.Teatro. 2. Teatro - História e crítica. I. Fernandes, Nanci.
II. Título. III. Série.

17-39192

           CDD: 792
           CDU: 792

18/01/2017   24/01/2017

Direitos reservados à

EDITORA PERSPECTIVA LTDA.

Av. Brigadeiro Luís Antônio, 3025
01401-000 São Paulo SP Brasil
Telefax: (11) 3885-8388
www.editoraperspectiva.com.br

2017

SUMÁRIO

Vivendo e Fazendo História – *Nanci Fernandes*
   e J. Guinsburg 11

Primeira Parte
ESTÉTICA

1. Literatura e Teatro 49
2. A Libertação do Livro 57
3. A Arte do Ator 61
4. O Trágico na Obra de Büchner 67
5. Teatro e Arte 73
6. Problemas do Teatro 79
7. O Teatro Engajado 89
8. Rainhas da Degradação 93

Segunda Parte

TEATRO DO ABSURDO

1. O Bocejo de Tchékhov 99
2. Eugène Ionesco 107
   O Acadêmico do Absurdo 109
3. O Sentido e a Máscara 111
   Problemas e Tendências Teatrais 114

Terceira Parte

TEATRO ALEMÃO

1. Goethe – Clássico ou Romântico? 121
2. Paralisia da Alma – "A Morte de Danton" 125
3. Friedrich Dürrenmatt 129
   O Herói Quixotesco 129
   Um Dramaturgo Como Narrador 133
   "O Casamento do Sr. Mississipi" 139
   "Um Anjo Vem à Babilônia" 142
4. Peter Weiss 145
   "O Interrogatório" 151
   De Novo, Auschwitz 154
5. "O Vigário", de Hochhut 157
6. Problemas do Teatro Alemão 161
7. "O Teatro Acorrentado" 163

Quarta Parte

TEATRO ALEMÃO NOTAS E COMENTÁRIOS

1. Revivescência do Teatro Alemão 169
2. "A Raposa e as Uvas" 171
3. As Últimas Obras de Gerhart Hauptmann 173
4. Peça de Kafka 175
5. Schiller e Dürrenmatt 177

6. Sempre Shakespeare 179

7. Teatro Atual 181

8. Notas e Apontamentos 183

Quinta Parte
TEATRO ALEMÃO E ÍDICHE NO BRASIL

1. Harry Neufeld: "Heut ist was los" (Alguma Coisa Vai Acontecer) 199

   Harry Neufeld 201

2. "O Dibuk" na Apresentação de Morris Schwartz .. 203

3. Os Deutsche Kammerspiele no Teatro Municipal 207

4. Studio-59 211

   Leitura Dramática de Textos de Hauptmann .. 211

   "Ifigênia em Táuride", de Goethe, em Língua Portuguesa 213

   "O Caso Oppenheimer" 214

   "Você Conhece a Via Láctea?" 215

   "Traeumereien in Paris" 217

   "Ai de Quem Mente!" 217

5. Kabarettungs G.m.b.H 219

   Cabaré Alemão em São Paulo 219

   O Cabaré, de Edith Goerigk 220

   Lorota Sinfônica 222

   O Cabaré de Edith Goerigk (II) 222

   O Teatro Íntimo de Edith Goerigk 223

6. Teatro Alemão 225

VIVENDO E FAZENDO HISTÓRIA

Meu destino pessoal não interessa.
E não pode ser separado do destino deste país.

ANATOL ROSENFELD

Quando se comemorou em 2012 o centenário de nascimento de Anatol Rosenfeld, julgamos que era chegado o momento, em nosso trabalho, de preservar sua obra e seu pensamento, de organizar o último livro de seus artigos inéditos sobre teatro. Em se tratando de teatro alemão, pareceu-nos necessário tecer algumas considerações a respeito do autor; a maioria baseia-se na convivência com ele, pessoal ou profissionalmente, compartilhada com outros que se dispuseram a registrar por escrito suas experiências[1]. A fim de complementar

---

1. Ver especialmente *Sobre Anatol Rosenfeld*, J. Guinsburg; Plínio Martins Filho (orgs.), São Paulo: Com-Arte, 1995.

dados anteriores[2], ocorreu-nos trazer à luz aspectos de sua vida anteriores a sua chegada ao Brasil, paralelamente a pesquisas sobre o contexto alemão da época.

Como já relatado em outras edições, seu passado e sua vida pessoal são marcados pela falta de informações e referências, o que o envolve numa aura de mistério. Do mesmo modo que em algumas figuras da história das artes e das letras, o pesquisador se defronta com a ausência material de fontes primárias. Além disso, após a sua morte seu arquivo foi parcialmente destruído (a seu pedido): parece-nos ter ele se baseado no desejo de evitar o uso ou a valorização de fatos biográficos extrínsecos aos seus trabalhos em detrimento do valor intrínseco. Baseamo-nos, para tanto, na apreciação que fez a respeito de Max Brod, zeloso guardião do "famoso caixote que continha os escritos (de Kafka) de juventude": Anatol alinhou-se, até certo ponto, com os que se irritavam "mormente na Alemanha, contra os rumos impostos" por Brod à apreciação de Kafka, adotando atitudes de "psicologismo antiestético" para lançar opiniões e apreciações pessoais sobre a obra e o amigo, tornando-se inspiradores da maioria das interpretações extrínsecas que usam a obra de Kafka "apenas para documentar a biografia do autor"; Brod teria feito de sua obra "música de programa"[3].

---

2. Sobre sua vida e obra, ver: Arnold von Buggenhagen, Anatol H. Rosenfeld: Nachruf, em *Staden-Jahrbuch*, v. 21-22, 1973-1974, p. 77-86. *Sobre Anatol Rosenfeld*, op. cit. Nanci Fernandes, Introdução, em Anatol Rosenfeld, *Na Cinelândia Paulistana*, p. 11-19. Nanci Fernandes; Arthur Autran, Introdução; J. Guinsburg, Anatol Rosenfeld e a Revista *Iris*, *Cinema: Arte & Indústria*, p. 13-30. J. Guinsburg; Nanci Fernandes, Um Caixeiro-Viajante em Brenhas Brasílicas, em *Anatol Rosenfeld Off-Road*, São Paulo: Edusp/ Perspectiva, 2003 p. 7-11. J. Guinsburg; Nanci Fernandes, Introdução; J. Guinsburg, Posfácio, em Anatol Rosenfeld, *Anatol 'On the Road'*, São Paulo: Perspectiva, 2006, p. 11-26, 27-31 e 259-269, respectivamente. J. Guinsburg, No Fio da Conversa em Anatol Rosenfeld, *Preconceito, Racismo e Política*, p. 15-17. J. Guinsburg, Anatol Rosenfeld: O Homem e o Intelectual, em Anatol Rosenfeld, *Judaísmo, Reflexões e Vivências*, p. 17-20.

3. A. Roselfeld, Kafka Redescoberto, *Letras e Leituras*, p. 33-39.

No que tange à pesquisa e às publicações dos escritos de Anatol Rosenfeld[4], à falta de recursos para um trabalho sistemático – há um sério problema de desinteresse público e privado pela pesquisa e conservação de acervos em geral –, queremos registrar, neste sentido, que a boa vontade de seus amigos e o apoio da editora Perspectiva foram as únicas bases que permitiram a publicação contínua do seu legado. A exceção, honrosa, fica por conta da Edusp e Unicamp[5]. Ainda que atualmente se conte com a vantagem de buscas via internet, torna-se difícil a localização de dados provenientes do acesso a registros recuados no tempo. Desse modo, a pesquisa e edição vêm sendo efetuadas de maneira adstrita aos recursos disponíveis.

Como consequência, dois focos básicos marcam o pano de fundo para o levantamento ora feito: a Berlim florescente da República de Weimar (1919-1933) e o antissemitismo histórico, porém desencadeado de maneira virulenta e desumana a partir da vitória de Adolf Hitler em 1933.

A Berlim nos Anos de Ouro

Em linhas gerais, o período conhecido como República de Weimar costuma ser visto como o dos anos dourados da vida alemã: em meio a intensa agitação político-econômica, a contínua participação popular moldou a expressão de uma etapa riquíssima na produção e na vida artística mundiais. Berlim tornou-se o cruzamento de vivências e influências europeias que a tornaram o maior centro de difusão das artes em geral. O expressionismo já estava introjetado nessas manifestações em fins do século XIX, porém o caldo fermentado pelas lutas políticas, pelas interações

---

4. Ver relação de seus livros, infra, p. 227.

5. Em 1993, em conjunto com as editoras da Unicamp e da USP, editamos de Anatol Rosenfeld: *Texto e Contexto II; Prismas do Teatro; Thomas Mann; Letras Germânicas; Letras e Leituras; Negro, Macumba e Futebol* e *História da Literatura e do Teatro Alemães.*

internacionais com os demais países europeus e pela evolução científico-tecnológica detonou na Alemanha, na fase anterior da I Guerra Mundial, uma messe de criações numa vasta abrangência das artes em geral. Escusado apontar que grande parte dessas criações trazia implícita a marca de uma forte militância político-ideológica – casos exemplares são a literatura e o teatro. Fosse, no entanto, devido ao seu caráter artesanal e pela comunicação espontânea e instantânea, o teatro refletiu com mais vigor uma produção autêntica, ao exibir o pensamento e o comportamento de amplos setores da sociedade alemã. Tal intensidade, devida principalmente aos anseios progressistas das várias camadas sociais, transferiu-se parcialmente ao cinema – arte que haveria de incorporar, tardiamente, os influxos e muitos dos elementos – culturais e individuais – gestados e aflorados nas manifestações expressionistas anteriores.

O fato é que a Berlim dos anos de 1930 sofrerá profundas modificações a partir da ascensão de Hitler ao poder em janeiro de 1933: a cidade viverá um clima de ocupação e o primeiro campo de concentração, Oranienburg, inicialmente previsto para presos políticos, será a origem de uma fatídica sucessão em larga escala: nesse período, "Alguns (presos) voltavam, depois de mais ou menos quinze dias, terrivelmente magros e calados. Tentávamos fingir nem ter percebido a ausência deles"[6]. Aparentemente, a vida cultural seguia inalterada: os intelectuais e aqueles que desejavam ser conhecidos como tais reuniam-se nos cafés, ouviam-se às escondidas os discos da *Ópera de Três Vinténs*, de Brecht, estreada em 1928 com grande sucesso de público. Todos carregavam um rádio ao alcance dos ouvidos e, no ano seguinte (1929), foram exibidas as primeiras experiências de transmissão de imagens televisivas, usadas por Hitler nas Olimpíadas de 1936. Tal evolução tecnológica fez com que, em 1930, os alemães já pensassem na televisão em cores[7].

---

6. Wolf von Eckardt & Sander L. Gilman, *A Berlim de Bertolt Brecht: Um Álbum dos Anos 20*, Rio de Janeiro: José Olympio, 1996, p. xxix.

7. Ibidem, p. 57-59.

Esses dados configuram o clima de repressão política, no plano interno, e forte investimento midiático, visando utilizar o evento esportivo internacional a serviço da propaganda nazista.

No caso do teatro, a frequência aos espetáculos sempre fora intensa: nos anos de 1920 Berlim tinha 32 teatros; grandes diretores implementavam novas ideias e práticas estéticas e famosos dramaturgos (Schnitzler, Zuckmayer, Wedekind, Kaiser e Brecht, principalmente) alimentavam a produção de textos capitais na história teatral do Ocidente; o trabalho dos atores, a reboque da prática e evolução constantes, contribuía para esse desenvolvimento com o rodízio entre os grandes diretores. Época de intensa floração e atividade intelectual e cultural, esta foi a Berlim em que Anatol se formou e na qual sedimentou uma reflexão preponderantemente político-filosófica, herdada das profundas transformações no pensamento europeu a partir de fins do século XIX. O teatro, especialmente, marcou o encontro de várias ideias e tendências que assinalaram o aparecimento de novas visões, processos e práticas. Basta a este respeito citar o caso do expressionismo e seus derivativos na cena alemã, da qual Brecht foi o expoente mais acabado e a cuja obra Rosenfeld dedicou muitas análises e reflexões. A partir das inovações vivenciadas nesse período, a confluência das várias correntes teatrais fez-se sentir não somente na dramaturgia, mas também nos processos cênicos: grandes diretores, atores e pensadores contemplaram tendências as mais diversas no que se relaciona a práxis teatral. Nesse sentido, é oportuno frisar que essa efervescência e riqueza do teatro foi um dos componentes básicos para o estabelecimento do grande cinema expressionista alemão.

O cinema, caudatário então do teatro, desenvolveu-se lentamente em comparação à exuberância cênica. Entretanto, o alemão Oskar Messter, que se tornaria o primeiro produtor profissional de filmes do mundo, havia promovido, dois meses antes da apresentação de Lumière (dezembro de 1895), a primeira exibição pública de um filme em tela[8]. Não obstante, apenas a partir de 1910 a nova arte começa a difundir-se na Alemanha e somente após o fim da I Guerra Mundial estabeleceu-se uma indústria cinematográfica no seu amplo sentido, fundamentalmente estimulada e financiada pelo governo que a via como instrumento de propaganda e proselitismo no plano internacional[9]. Seu sucesso é tão grande junto aos alemães que, em 1920, "havia, para cada mil habitantes, vinte poltronas. Ao final da década, essa proporção havia aumentado para trinta por mil habitantes"[10]. Esse progresso permitiu que, em 1922, três alemães patenteassem "filmes sonoros", "que foram rejeitados sob alegação de que filmes não deviam falar"[11].

O período do cinema clássico alemão conhecido como cinema expressionista foi uma das fases mais criativas e produtivas da cinematografia mundial. Sua existência está profundamente ligada tanto ao contexto sócio-político-econômico, quanto às próprias contradições da República de Weimar. Conforme Kracauer,

Os filmes de uma nação refletem a mentalidade desta, de uma maneira mais direta do que qualquer outro meio artístico, por duas razões: Primeiro, os filmes nunca são produto de um indivíduo [...] Pudovkin salienta o caráter coletivo da produção cinematográfica ao identificá-la com uma produção industrial. [...] Em segundo lugar, os filmes são destinados, e interessam, às multidões anônimas. Filmes populares – ou, para sermos mais precisos, temas de filmes populares – são supostamente feitos para satisfazerem o desejo das massas.[12]

---

8. "O projetor havia sido inventado por Max e Emil Skladanowsky e o filme foi feito por Oskar Messter, ", em W. von Eckardt; S.L. Gilman, op. cit., p. 91.

9. Ibidem, p. 92.

10. Ibidem.

11. Ibidem, p. 103

12. Siegfried Kracauer, *De Caligari a Hitler: Uma História Psicológica do Cinema Alemão*, Rio: Zahar, p. 17. Sugerimos as valiosas análises feitas pelo autor sobre a produção do período, as quais apresentam um panorama tanto da criação quanto da produção e divulgação da produção cinematográfica expressionista do período.

Além do teatro e do cinema, noutros campos como música e dança, filosofia, literatura, arquitetura, artes plásticas, nas ciências em geral, esportes etc., esse período também deu uma contribuição fundamental para a cultura ocidental: para citar apenas alguns, Arnold Schönberg, Paul Hindemith, o movimento da Bauhaus (arquitetura e artes plásticas), Albert Einstein, dentre tantos outros nas mais variadas áreas.

Anatol Rosenfeld, Não Cidadão na Alemanha

> As estradas, no meu tempo,
> levavam apenas ao brejo.
> A fala me traía ao carniceiro.
>
> BRECHT, À Posteridade

Anatol Rosenfeld chegou a Berlim em tenra idade, com sua família, fugindo da cidade natal de Przemysl[13], então sob o domínio do Império Austro-húngaro e que foi invadida em outubro de 1914, no começo da I Guerra Mundial, pelas forças russas – provável motivo da fuga da família Rosenfeld. Em Berlim, Anatol fez estudos primários e secundários, matriculando-se a seguir na Universidade Friedrich-Wilhelm inicialmente no curso de medicina, que após dois anos trocou pelo curso de filosofia, do qual se encaminhou, finalmente, para a literatura. Foi aluno de Nicolai Hartmann, Max Dessoir, Julius Petersen, Maier Henry e Liebert Arthur, entre outros. Graduou-se em literatura e, quando preparava tese de pós-graduação sobre *Lessing e o Sturm und Drang*, foi obrigado a abandonar a universidade pelos impedimentos advindos das Leis nazistas de discriminação racial. Possivelmente teria sido militante da ala jovem do

---

13. No documento intitulado *Führungszeugnis* (Certificado Policial de Boa Conduta), de Berlim, em 2 jul 1929 (acervo de Anatol Rosenfeld), consta a declaração de que ele nasceu na cidade de Przemysl, Áustria, e chegou a Berlim em 4 out 1914, onde se declara que residia naquela data.

17

Partido Social-Democrático[14], fato que agravava sua condição de judeu e que, após o incidente das Olimpíadas de 1936, fez com que fugisse rapidamente do aprisionamento certo pelo governo nazista.

Apesar de as práticas antissemitas serem uma constante no comportamento social e político alemão, a forte agitação pública vivenciada durante a República de Weimar – que teve origem bem antes da I Guerra Mundial[15], com oscilações de intensidade conforme o sucesso ou insucesso dos vários atores no cenário político-ideológico – acrescentará a essas práticas um componente deletério introduzido pelo nazismo: a adoção sistemática do racismo e da pureza de sangue ariano como critérios de valor exclusivo e fundamento legal para a perseguição e extermínio programáticos e em escala industrial frente ao "inimigo objetivo". Por outro lado, para se ter uma ideia do contexto paradoxal em que se deu a formação germânica de Anatol frente ao antissemitismo que grassou no período, vejamos o depoimento de um contemporâneo, Léon Poliakov:

> Na escola (ginásio) que frequentava, no bairro burguês do Kurfürstendamm, um quarto dos alunos eram judeus: não distribuídos nas três classes paralelas, mas concentrados (em companhia de uma dezena de cristãos) numa só: "gueto" que nos parecia natural. Por outro lado, o docente mais pressionado era o rabino que nos ensinava, matéria obrigatória, a lei de Moisés; e nossas convicções infantis eram patrioticamente alemãs num grau que hoje me parece embaraçoso.[16]

Portanto, a chamada República de Weimar também acalentou o antissemitismo herdado do século XIX,

14. Informações de Arnold von Buggenhagen, Anatol H. Rosenfeld: Nachruf, separata do *Staden-Jahrbuch*, v. 21-22, 1973-1974, p. 77-86.

15. "Um virulento foco antissemita se constituíra desde os primeiros anos do século XX nas esferas dirigentes como demonstram principalmente as reações aos distúrbios revolucionários que começavam a agitar a Rússia, distúrbios comumente atribuídos à ação subversiva dos judeus." Léon Poliakov, *A Europa Suicida*, São Paulo: Perspectiva, 1985, p. 25.

16. Ibidem, p. 312-313.

desembocando nas condições as mais favoráveis para o florescimento das práticas nazistas. Quando Hitler assumiu o poder respaldado pelo Partido Nazista, seu programa, nos seus 25 pontos-chaves, incluía logo no item 4: "Só os cidadãos gozam de direitos cívicos. Para ser cidadão, é necessário ser de sangue alemão. A confissão religiosa pouco importa. *Nenhum* judeu, porém, pode ser cidadão" (grifo nosso).

Abrindo um parêntesis: ainda estudante – portanto, antes de 1933 –, Anatol Rosenfeld havia colaborado na imprensa judaica publicando, a partir de 1930, artigos com os quais visava, provavelmente, tornar-se conhecido através do jornalismo. Mesmo isso, a partir de 1933[17], tornou-se lhe interdito, pois o citado programa do Partido Nazista prescrevia no item 23:

Pedimos a luta pela lei contra a mentira política consciente e a sua propagação por meio da Imprensa. Para que se torne possível a

---

17. Cf. Cronologia do Holocausto:
♦ 1933 ♦ 30 DE JANEIRO: Adolf Hitler é nomeado Chanceler da Alemanha pelo presidente Paul von Hindenburg. ♦ 22 DE MARÇO: É construído o primeiro campo de concentração em Dachau. ♦ 1 DE ABRIL: Boicote aos negócios e lojas de propriedade judaica na Alemanha. ♦ 7 DE ABRIL: Decreto afasta os judeus do funcionalismo público, do exército e das universidades. ♦ 26 DE ABRIL: É criada a Gestapo, a polícia secreta alemã, por Hermann Göring, no estado alemão da Prússia. ♦ 10 DE MAIO: Os livros de autores judeus são queimados em Berlim. ♦ 14 DE JULHO: A Lei para a Prevenção da Descendência com Doenças Hereditárias é aprovada pela Alemanha. Lei tira o direito dos imigrantes judeus da Polônia de sua cidadania alemã.
♦1934 ♦ 2 DE JANEIRO: Os judeus são proibidos de participar da Frente Trabalhista Alemã. ♦ 17 DE MAIO: Aos judeus não são permitidos o seguro de saúde nacional. ♦ 2 DE AGOSTO: Morre o presidente alemão Paul von Hindenburg. Hitler declara-se Führer e Reichskanzler (chefe e Chanceler do Reich). As forças armadas devem jurar lealdade e obediência a Hitler.
♦1935 ♦ 16 DE MARÇO: Alemanha introduz o recrutamento obrigatório para o serviço militar. ♦ 31 DE MAIO: Judeus são proibidos de servir ou entrar nas forças armadas da Alemanha. ♦ 15 DE SETEMBRO: Leis de Nurembergue (ou Lei para a Proteção do Sangue e da Honra Alemães) são adotadas pela Alemanha Nazista. ♦ 15 DE NOVEMBRO: Alemanha define como "Judeu" alguém com três avós judeus; alguém com dois avós judeus é identificado como um judeu. Disponível em: <http://pt.wikipedia.org/>.

criação de uma imprensa alemã, pedimos que: 1. Todos os diretores e colaboradores de jornais em língua alemã sejam cidadãos alemães; 2. A difusão dos jornais não alemães seja submetida a autorização expressa. Esses jornais não podem ser impressos em língua alemã; 3. Seja proibida por lei qualquer participação financeira ou qualquer influência de não alemães em jornais alemães. Pedimos que qualquer infração a essas medidas seja sancionada com o encerramento das empresas de impressão culpadas, bem como pela expulsão imediata para fora do Reich dos não alemães responsáveis. Os jornais que forem contra o interesse público devem ser proibidos. Pedimos *que se combata pela lei um ensino literário e artístico gerador da desagregação da nossa vida nacional*; e o encerramento das organizações que contrariem as medidas anteriores (grifo nosso).

Ou seja, Anatol não poderia mais atuar na imprensa. Em 1934 concluiu o curso de Letras Alemãs na Universidade Humboldt de Berlim e, no ano seguinte, teve negado seu doutorado com base nas Leis de Nuremberg. A exclusão da vida acadêmica não foi, no entanto, o único cerceamento a pesar-lhe nos direitos civis: o citado programa, no item 5, declarava que "Os não cidadãos só podem viver na Alemanha como hóspedes, e terão de submeter-se à legislação sobre os estrangeiros", o que deixava claro seu *status* de pária. Na autobiografia que deixou[18], Anatol cita simplesmente um motivo mais genérico para o abandono dos estudos: "Interrompi o preparo da minha tese de doutoramento forçado pela situação política e pelas Leis Discriminatórias de Nuremberg (1935)."[19]

Resumindo: a situação do jovem Anatol Rosenfeld impedia-o de exercer seus direitos de cidadão e de continuar seus estudos de Letras Alemãs por ser considerado não

18. *Anatol 'On The Road'*, p. 27-31.

19. "Desde 15 de setembro de 1935, quando foram decretadas a Lei de Cidadania do Reich, a Lei de Proteção do Sangue e da Honra Alemãs e o Primeiro Regulamento para a Lei de Cidadania do Reich – este em 14 de novembro de 1935 (o conjunto dos três ficou conhecido como as Leis de Nuremberg) –, a condição judaica transformou-se numa subcondição humana na Alemanha e os judeus foram desprovidos de qualquer vestígio de direitos civis." Cf. *O Holocausto: Verdade e Preconceito*, disponível em: <http://www.espacoacademico.com.br>.

alemão e, acrescentando-se a isso, a proibição de colaborar na imprensa de língua alemã: sua permanência na Alemanha hitlerista havia se tornado impossível.

A premência da fuga insere-se no cenário dos Jogos Olímpicos em Berlim em agosto de 1936. É oportuno lembrar que a escolha da cidade para sede dos Jogos foi contestada e combatida no plano internacional, especialmente por parte dos Estados Unidos. Hitler tomou então uma série de medidas para fazer propaganda do regime e das "vantagens" e "qualidades" do nazismo: nos meses que precederam o evento mudou a aparência do país como resposta ao boicote; proibiu campanhas antissemitas e os cartazes contra os judeus foram retirados; como condescendência, aceitou incluir na equipe alemã atletas de origem judaica. O uso que fez da realização dos Jogos na Alemanha buscou sistematicamente a adesão em larga escala ao seu programa ideológico. Como exemplo dessas pretensões, cite-se a abertura triunfal das Olimpíadas e sua realização, cujas imagens espetaculares foram filmadas, por encomenda expressa do Führer, pela cineasta propagandista do regime nazista, Leni Riefensthal, no seu famoso filme *Olympia*.

Dessa forma, o jogo político do governo nazista para atrair a simpatia mundial por meio da propaganda e das medidas abrandadoras no tocante ao antissemitismo levara, possivelmente, Rosenfeld a imaginar que haveria um arrefecimento da repressão durante as Olimpíadas, por conta dos interesses políticos envolvidos no plano internacional; por isso mesmo, talvez, não tenha se esquivado de responder, em francês, a um pedido de informações de alguns turistas. Flagrado pela polícia, foi intimado a prestar depoimento, o que certamente teria por desfecho, como ele bem sabia, o encaminhamento a um campo de concentração. No que concerne a tais *läger* (acampamentos de prisioneiros), historicamente, seu uso pelo governo alemão não era propriamente novidade; já os havia utilizado em 1904-1907, quando foi responsável pelo que é considerado o primeiro genocídio do século XX, ocorrido na África, atual Namíbia: um número incalculado de pessoas foi eliminado nesses campos da morte durante o conflito conhecido como Guerra dos Hererós e Namaquas. Com a ascensão de Hitler e do nazismo em 1933, a primeira notícia sobre eles refere-se a Oranienburg, adaptação de uma antiga fábrica, perto de Berlim, para confinamento de inimigos políticos; em março do mesmo ano, o primeiro campo de concentração construído com o fim precípuo de levar a cabo a eliminação em larga escala dos prisioneiros foi Dachau. Seguiram-se vários outros. Para eles eram encaminhados os "inimigos objetivos" do regime: determinadas etnias (judeus, ciganos, polacos, sintis, yemiches), grupos ou políticos adversários e minorias religiosas. Tais confinamentos eram sistematicamente divulgados pelos jornais e o nazismo chegou a produzir *jingles* em que a população alemã era alertada para que "evitasse" procedimentos considerados pelo regime como perniciosos ou prejudiciais. Some-se a tais "avisos" o fato de que a República de Weimar (abertamente estigmatizada pelo governo alemão em 1933), bem como seus integrantes ou simpatizantes foram constantemente citados, oficialmente, como indesejáveis e nefastos.

Voltando o foco para o incidente ocorrido com Rosenfeld em Berlim compreende-se, pois, tendo em vista esse regime de terror político e de "limpeza racial", que a única saída que se lhe apresentou foi a fuga por meios e modos que desconhecemos, tomando o caminho da emigração. Com um bilhete da empresa de navegação Chargeurs Réunis, no qual consta a data de 30 de novembro de 1936 e a saída pelo porto de Le Havre (França), na verdade ele embarcou em Antuérpia (Bélgica) e desembarcou no Brasil em começos de 1937, em Santos[20].

Para complementar estas considerações sobre o contexto da repressão hitlerista vivenciado por Anatol, convém ressaltar que, apesar das consequências do antissemitismo

---

20. A informação de ter embarcado no porto de Antuérpia foi dada por ele próprio em conversas com amigos.

e da perseguição a que se viu submetido, ele jamais traiu ou sequer insinuou qualquer queixa, lamúria ou comentário sobre sua situação específica de judeu-alemão ou externou ressentimento cego com relação ao seu banimento e à Alemanha:

Nenhuma ficção, nenhuma dramatização, nenhuma acusação, nenhum impulso de vingança, nenhum ódio. A seca e neutra análise e interpretação dos fatos e a sua meticulosa descrição falam uma linguagem cujo eco os séculos hão de ouvir. Nós outros estamos ainda no centro imóvel do furacão. Até hoje estamos entorpecidos e paralisados, em estado de choque [...] Ai de nós que temos de olvidar, que temos de cobrir os olhos para poder viver![21]

Muito pelo contrário: baseado em ponderações filosóficas, sua atitude constante sempre foi no sentido de destrinçar as causas e o papel do nazismo no povo alemão e na cultura germânica. Para ele, a partir de Nicolai Hartmann, é preciso levar em conta o espírito coletivo e a responsabilidade individual:

Um dado espírito coletivo, como aquele em parte criado e estimulado pelos nazistas, seguramente ilegítimo como é natural, somente se poderia impor com o consenso e a ativa colaboração de numerosos indivíduos, cuja consciência pessoal se tornara surda e cega. Mas daí só se pode tirar a conclusão de que um certo número de indivíduos foi culpado, contribuindo para que os elementos ilegítimos, existentes nos espíritos objetivos de todos os povos, vencessem. Mesmo se num povo de 60 milhões de habitantes todos sucumbissem aos elementos ilegítimos do espírito objetivo, mesmo então não haveria uma culpa coletiva[22].

No que se refere à contribuição dos judeus alemães para a cultura e as ciências teutas – muitas vezes superestimadas por críticos e historiadores do Holocausto –, ele minimiza o exagero dessas avaliações, ponderando que os

---

21. Restaram os Arquivos, Anatol Rosenfeld, *Preconceito, Racismo e Política*, p. 67-71.
22. Cf. Espírito Coletivo e Consciência, ibidem, p. 39-48.

israelitas "representavam apenas um por cento do total do povo alemão". Vai além, ao acrescentar que se deve relativizar o peso dessa participação no contexto em pauta, visto que havia "químicos, físicos, médicos, biólogos excepcionais, mas a média era tão medíocre como costuma ser a média". Ao sopesar o papel de vários dos grandes nomes nessas áreas, assim como os de Cassirer, Cohen, Simmel, Husserl (meio-judeu) na filosofia, na literatura e na poesia, tal linha de raciocínio leva-o a uma equilibrada análise mais abrangente: "Em tempos normais, o povo alemão sempre reconheceu os verdadeiros valores entre os judeus, e estes, por sua vez, foram sempre os maiores entusiastas dos verdadeiros valores alemães."[23]

Recomeçando a Vida no Brasil

O primeiro mistério a seu respeito é: por que escolheu o Brasil? Ora, como é sabido, o grosso da intelectualidade e dos artistas judeus emigrou maciçamente para os Estados Unidos:

A maior parte dela (da intelectualidade de Berlim) germinou, cresceu e floresceu em solo americano. [...] Assim, pois, para os Estados Unidos [...] veio um grupo de emigrantes [...] diferente de qualquer outro que o mundo viu antes – indivíduos tão eminentes que nunca, em circunstâncias normais, sonhariam em emigrar. Esses homens e mulheres são cientistas, artistas criativos, músicos, filósofos. Sua cultura é a mais elevada que se pode encontrar em qualquer parte do mundo.[24]

A América do Sul, no geral, era uma segunda ou terceira opção, mesmo assim, supondo-se a existência de familiares ou contatos no destino (as famosas "cartas de chamada"). No seu caso, sabe-se que tinha amigos no Brasil, somando-se ligações com um grupo de eminentes

23. Tinha Hitler Razão?, ibidem, p. 71-76.
24. W. von Eckardt; S.L. Gilman, op. cit., p. xxxi-xxxii.

24

refugiados alemães estabelecidos em Rolândia, no Paraná[25]. Ignora-se se teria algum parente em nosso país. Ou teria sido uma escolha fortuita, como a de Ziembinski?[26] Ou seria ainda, porventura – hipótese romântica –, uma decisão tomada sob a influência de sua afinidade de toda uma vida com a personalidade e a obra de Thomas Mann? Esta hipótese tem a seu favor que, depois de Goethe, Mann foi o intelectual que Anatol mais admirou na cultura alemã. Ao lado de Brecht, que confessou cultivar desde 1929[27], seu grande interesse por Thomas Mann o acompanhou desde a primeira juventude: ao confessar sua admiração pelo autor de *Tonio Kroeger* na aula de alemão, no ginásio de Friedenauer, contestou veementemente a opinião desfavorável expressa por seu professor sobre o homem Thomas Mann[28]. Essa confissão de juventude reforça o grande destaque que deu à obra do autor de *A Montanha Mágica*. Nessa mesma linha, Arnold von Buggenhagen[29] e o autor[30] do ensaio ao livro citado são dois amigos que apontaram tal predileção, o primeiro chegando a sugerir que a escolha do Brasil como destino e seu itinerário intelectual, num primeiro momento, tiveram como referenciais a vida e a obra do grande escritor alemão.

25. Esta suposição parte do fato de que Anatol fez viagens frequentes a Rolândia, convidado para dar aulas e palestras a emigrantes lá fixados. Ver, por exemplo, 25 Anos de Rolândia, *Judaísmo, Reflexões e Vivências*, p. 485-486.

26. É de conhecimento geral, na história teatral brasileira, o caso da vinda de Ziembinski ao Brasil: em 1941 o grande diretor polonês fez escala no Rio a caminho de New York; convidado a participar de um coquetel de um jovem pianista polonês, lá conheceu um dos membros do grupo "Os Comediantes" e, a partir de seu interesse pelos jovens e por suas ideias, decidiu ficar no Brasil, transformando-se não só em mentor e diretor do grupo, como também um dos responsáveis pela nossa modernização teatral a partir da encenação de *Vestido de Noiva*, de Nelson Rodrigues, em dezembro de 1943.

27. Ver epígrafe no prefácio de A. Rosenfeld, *Brecht e o Teatro Épico*, p. 9.

28. A. Rosenfeld, *Thomas Mann*, p. 71-72.

29. A. Von Buggenhagen, op. cit.

30. J. Guinsburg, Seria Preciso um Prefácio, em A. Rosenfeld, *Thomas Mann*, p. 15.

Determinante, de todo modo, na sua trajetória até a chegada ao Brasil foi ter nascido judeu num país que, a partir de 1933, procedeu a um dos genocídios mais brutais na história da humanidade. O alcance dessa tragédia no meio cultural foi avassalador, visto que a coletividade judaica, em todos os setores da vida alemã, havia tido uma participação ativa e notória desde o século XVIII. Essa adesão social e cultural à vida e aos valores germânicos havia sido possível devido à emancipação propiciada pela extensão da cidadania, na Europa, no final do Século das Luzes, que produziu como uma de suas consequências o fenômeno da assimilação dos judeus à sociedade contextual; tendo sido uma constante a partir de então, além da consequente aceitação e ascensão social proporcionadas, teve reflexos no pensamento, na filosofia e nas artes em geral, os quais se fizeram sensíveis no subsequente progresso científico-cultural da Alemanha. Ao se sentirem parte integrante da nação, as novas gerações de raiz judaica assumiram as dores e as cores germânicas como indissociáveis de suas existências.

Seja como for, deve-se convir que a origem germânica e a condição judaica não facilitaram o recomeço de Rosenfeld na nova pátria, na época tão afastada dessa realidade sociocultural. Além da língua, que não dominava, havia toda uma história e uma estrutura – física e cultural – que o desafiaram por quase um decênio. Anos difíceis se pensarmos principalmente a partir de dois vetores. O primeiro diz respeito à possibilidade da permanência efetiva no novo destino: tendo entrado como turista e premido provavelmente por pressões psicológicas devido à condição de refugiado judeu, a primeira preocupação, além da aculturação, dizia respeito à própria sobrevivência; o segundo fator que deve ter pesado em suas decisões, ao menos naquele momento, foi a entrada do Brasil, em agosto de 1942, na 2ª Guerra Mundial, quando o país declarou guerra contra a Itália, o Japão e a Alemanha. Mesmo na condição de judeu refugiado, legalmente Anatol Rosenfeld era de nacionalidade alemã, sendo bem conhecido o cerceamento que então era promovido aos cidadãos originários daqueles três países.

Apesar dos vínculos com a comunidade judaica local e de amigos que o estimulavam a dar continuidade aos seus anseios intelectuais[31], ele optou por empregar-se, primeiro como colono numa fazenda[32], a seguir como lustrador de móveis, mascate, balconista de sapataria e, finalmente, como caixeiro-viajante por todo o Brasil. Na verdade, pode-se dizer que o *savoir-faire* de Anatol pretendeu aliar, à questão da sobrevivência, essencialmente a oportunidade que tais empregos lhe possibilitavam de, além do conhecimento físico-cultural do país, que lhe parecia fundamental para concretizar seu projeto de vida, proceder a intenso aprendizado do português e do povo brasileiro.

O manejo da língua deve ser visto como ponto principal, já que ele, paralelamente, mesmo durante o processo de aclimatação, jamais deixou de trabalhar no projeto acalentado desde os tempos de faculdade: tornar-se escritor. Afora iniciar a colaboração, em alemão, para órgãos da imprensa judaica na Alemanha, continuou a produção de poemas e crônicas. Ressalte-se, no entanto, que o empenho no aprendizado do português foi tão determinante que muito cedo começou a corresponder-se com amigos alemães, imigrantes como ele, usando o novo idioma e recebendo, em contrapartida, respostas também em português. Em seguida passou a colaborar para jornais brasileiros de língua alemã[33]. De todo modo, somente a partir de 1º de janeiro de 1945, por meio da colaboração para uma agência de notícias brasileira (a *Press International*, dirigida por Hugo Schlesinger), começou a escrever sistematicamente

31. No acervo de Rosenfeld encontram-se cartas de amigos, tanto do Brasil quanto da Alemanha, que se dispuseram a procurar-lhe um acesso à imprensa local.

32. Na opinião de Roberto Schwartz, a decisão por começar a vida brasileira em condições tão humílimas teve como origem "romper radicalmente com a vida burguesa". Ver Entrevista Com o Prof. Dr. Roberto Schwartz Sobre Anatol Rosenfeld, Parte 1, Faculdade de Filosofia, Ciências e Letras – USP, *Comunicação Social*, SCS 15 Anos, disponível: <http://comunicacao.fflch.usp.br/taxonomy/term/172>.

33. Infelizmente, essa colaboração não foi resguardada no acervo do autor.

em português para a imprensa (jornais e revistas), fazendo traduções, adaptações e resumos de artigos da imprensa estrangeira para um público amplo[34]. Em julho de 1945 inicia-se na subscrição de trabalhos próprios, publicados com a rubrica: "Direitos Reservados Para a *Press International*".

Em 1947, tornou-se colaborador em caráter permanente da *Crônica Israelita*, órgão da Congregação Israelita Paulista – CIP, dirigida por Alfred Hirschberg[35]. A relação de Rosenfeld com esse importante personagem muito provavelmente remonta a Berlim, já que Hirschberg foi redator-chefe do CV-*Zeitung* (1920-1938), jornal que fundou e que abandonou apenas em 1938, quando emigrou para o Brasil. Anatol escreveu e remeteu colaborações para o CV-*Zeitung* até seu fechamento. Na *Crônica Israelita*, Rosenfeld redigiu tanto em português quanto em alemão, desempenhando funções de repórter e cronista cultural – assinou colunas sobre cinema, teatro e cultura em geral, além de estampar reportagens e artigos eventuais. A partir de 1950, paralelamente, foi responsável pela seção de cinema e fotografia da revista *Iris*[36]. Na sequência, sua contribuição ativa para o cenário artístico e cultural paulista não cessou de crescer, cobrindo áreas que abrangem, desde a literatura, até a filosofia, antropologia, cinema, teatro e artes plásticas. Mormente a partir de 1956, quando assumiu a seção de Letras Germânicas do recém fundado Suplemento Literário de *O Estado de S. Paulo*, a importância de seu trabalhou passou a ser reconhecida nacionalmente. Além dessa seção, cobriu outras áreas culturais desse suplemento até sua extinção em 1967.

---

34. Data que marca o primeiro texto no jornal *A Noite* e inicia uma série de artigos em vários jornais de São Paulo: além de *A Noite*, também a *Folha da Manhã*, *Folha de S. Paulo*, *O Dia*, *A Gazeta*, *O Estado de S. Paulo*, *Folha da Noite*, *Jornal de S. Paulo* etc.

35. A *Crônica Israelita* foi criada em setembro de 1938 e fechada pelo governo militar em 1968.

36. Sobre esse trabalho específico, ver os dois livros publicados pela editora Perspectiva: *Na Cinelândia Paulista* (2002) e *Cinema: Arte & Indústria* (2013).

Em especial nas áreas de filosofia e crítica literária, suas reflexões ganharam importância e reconhecimento por sua participação no ii Congresso Brasileiro de Crítica e História Literária, realizado na Faculdade de Assis (sp) de 24 a 30.7.1961; nesse evento ele apresentou a tese *Estrutura e Problemas da Obra Literária*[37]. Fruto da admiração de seus pares, na época, foi um convite para lecionar na mesma Faculdade, que recusou, mas que, supomos, deve tê-lo movido a empreender uma conscientização e retrospecção de sua trajetória brasileira. Esse balanço sobre o caminho percorrido desde sua chegada ao Brasil o fez voltar cronologicamente aos seus primeiros passos como imigrante, quiçá inspirado pela notoriedade alcançada durante o citado evento.

Atesta-o uma pseudoentrevista publicada na *Crônica Israelita*, na qual julgou necessário fazer uma recapitulação de sua vida em nosso país: é possível, à vista de suas próprias palavras, sentir o impacto do convite para lecionar na universidade, como também pode-se aventar a suposição de uma reelaboração dos propósitos de vida. Através da personagem Paulo (*alter ego* que veste nessa crônica, mas que está igualmente presente em outros textos), em diálogo com um suposto repórter, ele recorda seus primeiros momentos brasileiros:

Cheguei em 1937. [...] Com uns marcos que garantiam um mês de vida. Não sabia a língua do país. Fui ganhar a vida numa fazenda, como camarada. Vida dura, sim. Aprendi ali a manejar a enxada. Aprendi também um pouco a língua, na conversa com os camaradas e colonos e com a professora deles.[38]

Portanto, apesar do caminho de aculturação ter-se dado pela via mais difícil, essa experiência haverá de render-lhe, como se verá, uma consciência clara do Brasil, pois trazia muitos preconceitos que procurava eliminar:

37. São Paulo: Perspectiva, 1976. (Col. Elos.)
38. *Crônica Israelita*, 6.9.1961.

Na casinha dela [professora], tu tomavas água filtrada, mas logo vi que os companheiros de trabalho tomavam água simples sem que lhes acontecesse nada. Desconfiei que entre os muitos preconceitos que trouxera da Europa, havia também este que me advertia de não tomar, no Brasil, água de torneira, de não comer salada de alface e tomates, a não ser que tivessem sido esterilizados quimicamente. Notei logo que só pegavam amebas os gajos que levaram a sério a advertência. Coitados, tinham amebas não só na barriga e sim principalmente na cabeça. Quanta ameba na cabeça!

A atitude frente à suposta superioridade asséptica dos europeus mostra de maneira clara uma autocrítica que o leva a erradicar ideias errôneas trazidas na bagagem cultural. Seu depoimento acompanha a evolução da aculturação: após seis meses de trabalho no campo voltou à capital paulista, com um pequeno capital que se lhe afigurava como "economias miúdas":

Em São Paulo verifiquei que sabia falar um pouco melhor português do que a maioria dos outros imigrantes, não só porque convivera com brasileiros, mas principalmente porque queria aprender a língua portuguesa, ao passo que boa parte dos companheiros vivia naquela masturbação saudosista, inspirada pela Grande Cultura de que se orgulhavam de ser portadores excelsos e superiores.

Como se depreende, o caminho que começou a traçar para si era o de um recomeço de aprendiz, com olhos humildes tanto intelectual quanto humanamente. Observa-se uma necessidade de despir-se do passado europeu, naquilo que possuía de preconceituoso e discriminatório: seu parâmetro para a personalidade que se autoforjava era criticamente inovativo e aculturador: "Muitos dos imigrantes, ao invés de aprender português, iniciaram então o estudo do inglês. Língua de grande prestígio. Nas cercanias do Correio só se ouvia falar inglês, com sotaque de Leipzig, Frankfurt ou Berlim – coisa pavorosa."

O pequeno capital amealhado esvaiu-se, mas a breve pausa em São Paulo foi importante para retomar sua integração à nova cultura e à paisagem humana que se dispunha a conhecer e vivenciar mais empiricamente: em simbiose antropológica, sentia-se instigado a melhorar o aprendizado anterior:

Depois de ter gasto minhas economias, fui a uma cidade do Paraná onde me tornei lustrador de móveis numa grande marcenaria. Lustrava mesas e guarda-roupas, também cadeiras. [...] À noite, eu passeava na Rua Quinze, escondendo as mãos manchadas de verniz. Cheguei a ganhar dez mil réis por dia, pagando 180 mil réis na pensão, com roupas lavadas. Economizei. Tornei-me gerente de uma casa de calçados para senhoras, mas vendiam-se poucos calçados. Também o estoque não era lá grande coisa. Os calçados que agradavam tinham sempre o número errado. Por isso, tornei-me mascate. [...] Nisso me especializei porque as portas (de casas de tolerância) estavam mesmo abertas, não era necessário bater palmas. Desgraçadamente, insistiam em pagar não a dinheiro, mas prestando serviços, acabei desistindo.

A realidade prática fez aflorar a autocrítica – afinal, nem todo intelectual possui o dom de lidar pragmaticamente com os escolhos da sobrevivência diária, mormente a braçal. O tom irônico e o temperamento sensual identificam a dificuldade de haver-se com os tratos e os expedientes do comércio rotineiro: imaginamos quanto lhe tenha custado interromper o novo *metiê*! Voltou novamente a São Paulo: "Já falava a língua portuguesa bem melhor do que os antigos companheiros, não só porque convivera com brasileiros e porque queria aprender a língua, mas porque começara a *gostar* da língua." (grifos no original).

A interação com a cultura e o povo rendia-lhe não somente aprendizado, mas aumentava a afeição pelo novo país. Isso, todavia, não lhe assegurava o pão de cada dia, de modo que procurou provê-lo no próprio panifício: "Mas, assim mesmo, só me tornei ajudante de um carro de padaria. Serviço doido. Tinha que me levantar às três da madrugada, lavando-me no quintal do estabelecimento em pleno inverno paulistano, no tanque de lavar roupas. [...] Percorria, de carro, entregando pão, a cidade ainda um pouco provinciana, ainda bem diferente da metrópole de hoje."

A despeito de condições tão adversas, encarou briosamente a nova etapa; porém, o apego à origem europeia cobrava-lhe os vínculos com a biografia pessoal que o prendia, emocional e racionalmente, à Alemanha. Enquanto perseguia seu roteiro de integração, acompanhava atentamente o panorama europeu:

Entrementes, a situação na Europa se tornava crítica, devido à agressividade do nazismo. Ainda antes do início da guerra (setembro de 1939), tornei-me cobrador de uma empresa que vendia bugigangas a prestações. [...] Aprendi que os brasileiros não gostam de dizer não. Se não pagavam, diziam que iam pagar. Se continuavam não pagando, ofereciam-me um cafezinho, mostrando firme disposição de pagar amanhã mesmo. No fim, pagavam de fato. [...] enquanto a crise na Europa tomava aspectos medonhos. No fim, desisti de minhas atividades de cobrador e investigador.

Cedendo à propensão – dir-se-ia até ao seu desejo – de não entrar em conflito com o modo de vida brasileiro, principiou, sem desistir de seu método antropologístico de adaptação/aculturação, o ofício mais longo do período: o de caixeiro-viajante:

Comecei a viajar pelo interior como representante de uma grande empresa paulistana. Enquanto vendia mercadorias e ganhava dinheiro, nunca ganhei tanto, nem antes, nem depois, embora fosse o trabalho mais fácil de todos quantos já executara ou iria executar – ia conhecendo o Brasil, Mato Grosso, Minas Gerais, Paraná, Bahia, Pernambuco, o interior do Estado de São Paulo e outros Estados.

Não houve interrupção nesse aprendizado sobre o Brasil, sua gente e sua cultura. No entanto, a formação intelectual cobrava-lhe direitos: "Levava comigo uma mala de livros que lia nas horas vagas. Comecei a escrever artigos em português que uma agência publicava em vários Estados." Essa informação deve referir-se ao ano de 1941, quando passou a traduzir e a adaptar artigos da imprensa internacional para a agência *Press International*. Paralelamente, como caixeiro-viajante continuava o aprendizado brasileiro:

Tomava banho no Rio Paraguai onde as piranhas comem a gente e a gente as piranhas. Caçava onças com amigos brasileiros, mas o fato é que os pernilongos me causavam muito mais dano do que eu às onças. […] Via os colhedores de erva-mate no sul do Mato Grosso e os contrabandistas de vicunha nas fímbrias da Bolívia. Andava pelos rios Paraná e Paraguai, pelo São Lourenço e pelo Rio das Garças; apreciava o gado de Aquidauana, enlameava-me nos pantanais de Porto Esperança e de Porto Murtinho; saboreava os crepúsculos de Vitória, assistia aos Xangôs de Recife, vendia quinquilharias em Arapongas e frequentava os bricabradistas de Belém. Quanta coisa a ver no Brasil, que mundo!

Depois de cinco anos tomou uma decisão radical: retornando ao projeto de vida pessoal acalentado desde a faculdade – os ofícios do intelecto e da pena –, conseguiu alugar por ínfima quantia um porão em São Paulo, no qual, por dois anos, concentrou-se em dar seguimento a esse projeto. A vida intelectual reclamava uma dedicação maior e ele tinha que optar:

Foi dura a passagem da vida farta de viajante às origens do trabalho intelectual. Adaptação a uma atividade há tanto tempo abandonada devido à emigração. Dominar a língua totalmente, nunca seria possível. Impunha-se humildemente. São Paulo começou a estourar também no campo intelectual. A crescente especialização científica e filosófica abria possibilidades a atividades intermediárias. Necessitava-se de tradutores, de gente que podia dar informações sobre um ou outro setor cultural, a literatura ou a filosofia deste ou daquele país.

Pôde então vislumbrar seu papel e seu espaço na cultura brasileira. No início dos anos de 1940, as primeiras gerações da Universidade de São Paulo, fundada em 1936, começavam a interferir e a atuar objetivamente no cenário cultural paulista e Anatol admirava-as:

Da Faculdade de Filosofia de São Paulo saíam fornadas de jovens intelectuais, vivos, brilhantes, ardentemente interessados em aspectos do pensamento europeu. Formados, quase sempre, em termos da cultura francesa e, mais recentemente, norte-americana, tinham interesse em equilibrar ou corrigir as suas informações ou ampliar os seus horizontes, através de contatos com a cultura alemã.

O fascínio e o preito de admiração a essa jovem geração baseavam-se numa característica básica de sua personalidade enquanto homem e pensador: a permanente abertura e a disponibilidade intelectual:

A grande vantagem desses jovens é o seu espírito aberto às correntes do mundo; não se fecham no canto de uma só cultura nacional – como os intelectuais da França ou da Alemanha. Gostam de pôr essas culturas em referências, comparando-lhe os resultados e métodos. Assimilam tudo com facilidade e, em alguns casos, com extraordinária penetração, com sensibilidade e profundeza.

Como decorrência, percebeu que poderia colaborar oferecendo aos jovens a contribuição de sua sólida formação germânica. Tal complementação enriqueceria o cabedal ganho pelos intelectuais paulistas que estava alicerçado, basicamente, no aporte trazido pelos professores franceses quando da criação da USP: "Reconheça-se que a influência dos jovens *agregés* da Sorbonne, esses vivos e participantes professores franceses, é grande entre os jovens brasileiros. O seu entusiasmo vai muitas vezes até a admiração."

A complementariedade da cultura germânica já havia recebido um grande estímulo a partir do pensamento e da obra de Mário de Andrade. No que concerne ao seu papel contributivo para esse panorama, Anatol não se cansava, nunca, de colocar a si e a cultura trazida da Alemanha de encontro a esse despojamento intelectual:

Face a essa extraordinária efervescência, eu me sinto às vezes, a mim mesmo – e ainda mais aos companheiros de imigração – um pouco emperrado, superado, estagnado, imobilizado. Os imigrantes – mesmo o pequeno círculo dos mais cultos – raramente acompanham os desenvolvimentos intelectuais devido à necessidade de se firmarem economicamente (e, depois de firmados, ficaram irremediavelmente atrasados). Não percebem as rápidas transformações pelas quais passa o Brasil (ainda que se trate, muitas vezes, apenas

34

de minorias: mas as minorias decididas são decisivas!). Transformações não só de ordem econômica e sim também espiritual. Agarram-se a sua formação sem evoluir, nem com a Alemanha, nem com o Brasil.

Ressalte-se, mais uma vez, a necessidade de contrastar-se – a si e aos seus companheiros imigrantes – ao país jovem e ávido por mudanças de todos os tipos. Talvez uma das explicações do porquê se ter recusado a visitar ou a voltar a viver na Alemanha – muito embora tenha sido convidado a lecionar na Universidade de Berlim como professor-visitante[39] – resida neste desabafo:

No fim, (os imigrantes) acabam falando sozinhos, não falam mais a língua do nosso tempo, quase sempre não por incapacidade, mas por soberba, falta de modéstia, superabundância de amebas na cabeça. Ah! As amebas cerebrais!

O racionalismo, não obstante, fá-lo retomar a posição antropologista que impregna sua análise: as palavras tão duras com que trata a maioria dos imigrantes patrícios não o impedem de incluir-se entre os companheiros de origem:

Certamente não sou feito de outro estofo que os meus antigos companheiros de imigração. Mas aprendi a ser modesto em contato com os intelectuais brasileiros. Não há a mínima dificuldade em entrar em contato com eles. As dificuldades não vêm deles, vêm dos imigrantes que se enclausuram vivendo numa verdadeira Montanha Mágica, fora do tempo e da realidade: pois não há clima mais irreal do que a realidade dos negócios e dos chamados realistas que só veem a dois passos do nariz.

Contudo, seu espírito prático e aberto descortinou a possibilidade de passar a viver dos ofícios do intelecto e da pena. A convivência espontânea e fecunda com o meio intelectual motivou-o a encontrar uma prática vivencial que, atendendo às mínimas necessidades pecuniárias, proporcionasse igualmente um contato enriquecedor e gratificante, pois "o fato é que os intelectuais brasileiros me

---

39. Cf. A. von Buggenhagen, op. cit.

procuram; eles querem aprender comigo, embora o que de fato se verifica é que eu acabo aprendendo com eles". Dessa constatação chegou à rotina de cursos semanais, frequentadíssimos, em casas de amigos, nos quais interessados das mais diversas áreas procuravam conhecimento e informação: "As reuniões sociais nas casas deles são exatamente iguais às dos antigos companheiros (imigrantes), com a diferença de que não jogam baralho, visto não lhes faltarem assuntos para debater. Não lhes faltam, sabe por quê? Eles vivem a história, eles fazem história, participam dela."

O convívio com esses alunos interessados aguçou-lhe ainda mais a comparação com o meio do qual proviera:

Vejo ao mesmo tempo que os jovens estudantes e intelectuais brasileiros não vivem na triste torre de marfim dos intelectuais alemães que, orgulhosamente, se mantinham 'apolíticos' até se tornarem presa fácil da demagogia nazista. Ao contrário, politizam-se, participam do desenvolvimento brasileiro, convivendo com as angústias das "classes menos favorecidas".

Essas palavras foram escritas em 1961, época de efervescência política no Brasil. Obviamente, o clima pós-renúncia de Jânio Quadros e a agitação dos acontecimentos posteriores provocavam intensa movimentação em todos os setores da vida nacional. Com a perspectiva de complicações de toda ordem, o suposto repórter sugeriu que deveria afastar-se dessas disputas políticas, ao que ele retrucou com perspicácia:

Não participo diretamente. Estou apenas analisando os fatos [...]. Ingressamos numa década de disputas e crises. Que não haja surpresas. A esperança de todos nós é que as reformas – indispensáveis – se façam pelo caminho da democracia, pacificamente. [...] Vivemos num mundo tumultuoso, apesar da tranquilidade que reina nas belas casas e nos palacetes formosos. O paternalismo está em agonia, não se permitem mais tutelas. Hoje não se pedem mais direitos, nem se "concedem". Eles são defluência natural da lei, são cobrados como dívidas. Os que não se pagam pacificamente, hoje, mais tarde serão cobrados à força.

Após essa análise tão incisiva, chamado a falar especificamente sobre si próprio, submergiu-se humilde e voluntariamente na realidade do país que escolhera para viver e amar: "Falei muito de mim. Meu destino pessoal não interessa. E não pode ser separado do destino deste país."

Em síntese: a fase de "aprendizado" durou quase dez anos e foi somente a partir de 1945 que a atividade contínua como jornalista deu-lhe a oportunidade de concentrar-se no trabalho individual que caracteriza o grande intelectual que conhecemos.

Visão Filosófica

Por singular que pareça, Anatol Rosenfeld, em sua nova fase no Brasil, trilhou um caminho que guarda certa similaridade com o de seus anos de estudante na Universidade de Berlim: lá, ele se matriculou em filosofia, que frequentou durante dois anos, e depois voltou-se para a literatura, em cujo estudo se concentrou nos anos restantes de sua permanência na capital alemã; aqui, após seus primeiros empregos braçais e o de caixeiro-viajante, nos quais teve de trabalhar para sobreviver, deu início, por volta de 1950[40] – conforme atrás referido –, a "um plano de vida radical" baseado nos anseios filosóficos:

Quando julgou que as economias eram suficientes, Rosenfeld deixou as gravatas, organizou-se para viver com o mínimo, e dedicou alguns anos integrais à leitura [...] vivia enfurnado, entre a escrivaninha, a cama e os livros empilhados. Conforme acreditei entender mais tarde, foi um período em que ele, Rosenfeld, alimentou um projeto filosófico de mais fôlego, que depois foi deixando, premido pelas solicitações do cotidiano da vida intelectual paulista.[41]

40. A data foi inferida a partir do depoimento de Roberto Schwarz, ao contar seus primeiros contatos com Rosenfeld. Cf. R. Schwarz, Os Primeiros Tempos de Anatol Rosenfeld no Brasil, *Sobre Anatol Rosenfeld*, p. 58.

41. Ibidem, p. 58.

Essa dedicação à área filosófica, tal como se deu no curso universitário, acentuou e consolidou elementos fundamentais de sua *Weltanschauung*, como visão, e do instrumental crítico com o qual posteriormente abordou outros campos da cultura. Retomou nessa ocasião, e aprofundou, a reflexão sobre pensadores com os quais estava familiarizado desde o tempo em que tomara conhecimento deles nas lições universitárias. Seu diálogo com tais autores intensificou-se a seguir, na medida em que, como um de seus meios de subsistência, passou a ministrar cursos em casas de grupos de interessados em filosofia. Entretanto, mais uma vez, a abordagem sistemática desses saberes constituía-se em um ponto de partida para o exame e a discussão de um diversificado leque de temas suscitados pelo professor, ou pelos participantes desses simpósios. Tanto mais quanto, nos círculos em que Anatol Rosenfeld ensinava, "ele tinha não apenas alunos, amigos, admiradores, interlocutores, tudo fora do quadro institucional e dentro, por assim dizer, da esfera privada". Eram pequenas associações que foram se formando "à volta dele [...] e das quais, entretanto, muito modestamente ele vivia". Ou seja, passou a ser um autêntico *Herr Professor* para tertúlias "que dependiam completamente da satisfação mutua". Tais grupos foram ampliando-se:

Assim, um jovem que tivesse assistido a uma conferência de Rosenfeld, juntava os amigos que pudessem interessar-se e propunha o curso ao professor, em geral de estética, história da filosofia ou de literatura. O grupo reunia-se uma vez por semana, depois do jantar, sempre na casa de um dos participantes. [...] o pagamento das aulas dividia-se entre os alunos e era acessível a um estudante de classe média.[42]

Como se vê, o arranjo heterodoxo proporcionou ao mestre condições para a entrega ao labor intelectual e a independência necessária para fazê-lo com perfil próprio.

---

42. Idem, O Intelectual Independente, *Sobre Anatol Rosenfeld*, p. 93-94.

Esse comportamento tinha um propósito: organizando seu convívio e sobrevivência fora da área institucional, Anatol escapava das servidões desta e, sobretudo, abria mão da cobertura de autoridade que ela dá. Quando Rosenfeld falava, não estávamos diante de um professor da USP, de assessor da Fapesp ou de um livre-docente, estávamos diante de um argumento. Esta renúncia a quaisquer cauções extrarraciocínio era como um efeito filosófico que emanava de sua pessoa[43].

Durante mais de uma década, os cursos tornaram-se fonte de conhecimento para inúmeros intelectuais que passaram, desse modo, a complementar o seu saber específico, aplicado a diversas áreas, a partir das aulas ministradas pelo mestre: foram mais de quinze anos de reuniões às segundas-feiras para estudar Teoria do Conhecimento e outros temas de filosofia, sobretudo Estética. A leitura minuciosa das *Meditações*, de Descartes, da *Crítica da Razão Pura*, de Kant e outros universos, entrevistas e descobertas num sem-pressa da dedicação e do amor, e, depois, o tradicional chá, as discussões e comentários políticos e sobre acontecimentos culturais[44].

Com os depoimentos dos inúmeros participantes dos grupos então constituídos é possível deduzir-se até que ponto o modo de pensar e de comportar-se de seu mestre estavam fundamentados em uma visão filosófica bem peculiar: não se tratava apenas de uma simples forma pessoal de encarar as coisas – que evidentemente ele possuía –, porém de um corpo de ideias individualizado e sedimentado por um amplo acúmulo e aplicação do estudo da tradição filosófica e de seus saberes, estruturados ao longo de um vasto cabedal de leituras sob o crivo de suas antigas e modernas interpretações hermenêuticas. À sua luz, Platão, Aristóteles, Descartes, Kant, Nicolai Hartmann, Roman Ingarden, filtrados pelo espírito analítico e crítico de seu leitor e já

43. Ibidem, p. 95.
44. Regina Schnaidermann, O Homem Que Não Pontificava, *Sobre Anatol Rosenfeld*, p. 110.

em debate com proposições benjaminianas e da Escola de Frankfurt, decantavam, mais do que sistemas rígidos e dogmaticamente ideologizados de pensamento, a experiência do mundo e os valores que nela estavam em jogo desde sempre, sob os fluxos fenomenológicos de sua apreensão e consciência. Estes elementos também eram transpostos e serviam de pedra de toque para a tentativa de desvendar, pela descrição e análise fenomenológica de base ingardeniana, o estatuto estético da obra do teatro em ato e para o ajuizamento de autores exponenciais e de problemas candentes da Literatura e do Teatro, que confluíam, por exemplo, para as instigantes leituras de Thomas Mann e Brecht realizadas por Anatol. Nesta mesma linha, e em função do mesmo veio de exploração filosófica, em sua retomada brasileira, podem ser colocadas as traduções que efetuou então, e a orientação que imprimiu ao seu trabalho como diretor da coleção Pensamento Estético, da editora Herder, em São Paulo. Aí, elaborou, como ele próprio disse, "estudos mais extensos sobre Schopenhauer, Goethe e Schiller"[45]. E foi igualmente em vista dessas elaborações que, levado por Luís Washington Vita, passou a fazer parte do Instituto Brasileiro de Filosofia (IBF), dirigido por Miguel Reale, e para cuja revista escreveu ensaios que traduziram algumas de suas reflexões nesse campo[46]. Por fim, conviria ressaltar mais uma vez que de maneira alguma caberia pensar que sua pena permaneceu aí acantonada, pois ela se dirigiu com não menos desembaraço à antropologia, à sociologia, à psicologia e à política.

45. Cf. Autobiografia *Anatol 'On The Road'*, op. cit., p. 57-61. Tais estudos serviram de prefácios aos volumes: *Arthur Schopenhauer: O Instinto Sexual*, São Paulo: Livraria Corrêa Editora, 1951; *O Pensamento de Goethe*, São Paulo: Iris, 1959; e Schiller, *Sobre a Educação Estética*, São Paulo: Herder, 1963.

46. Cf. Nota Sobre Nicolai Hartmann, *Revista Brasileira de Filosofia*, v. 8, n. 4, out.-dez. 1958, p. 464-470; Algumas Reflexões Sobre a Técnica, *Revista Brasileira de Filosofia*, v. 9, n. 2, abr.-jun. 1959, p. 195-201; Nicolai Hartmann e a Fenomenologia, op. cit., jul.-set. 1960, p. 327-335.

Teatro alemão

A extensa cultura de Anatol Rosenfeld foi decantada, como já se salientou, na intensa e multifacetada vida cultural da Berlim dos anos de 1920, em que o *Zeitgeist* da modernidade e do engenho das vanguardas brilhou com uma força tanto mais ressaltada em suas ousadias e inovações, quanto mais se toldavam as nuvens do obscurantismo ideológico-político que precipitavam o seu trágico fim na cruz gamada nazista. Nesse contexto, além de uma entrega disciplinada a uma formação filosófico-literária sistematizada nos bancos acadêmicos, sentiu-se atraído desde então, ao que parece, por dois focos marcantes da atividade artística da época: o teatro e o cinema. Em relação a ambos aliou de pronto a afinidade à participação crítica. Se, no início de sua atuação como articulista em língua portuguesa na imprensa brasileira, ateve-se mais aos tópicos de natureza literária (de 1946 em diante) – campo ao qual dedicou a maior parte de sua produção escrita –, e se a tela cinematográfica foi alvo de seu trabalho crítico, sobretudo nos anos de 1948 a 1952, quando escreveu para a revista Iris[47], também é verdade que, bem cedo, dirigiu sua atenção para as obras do teatro alemão e do repertório universal. Assim é que, já em 1951, ano em que o movimento de modernização do teatro brasileiro encabeçado primeiro pelos Comediantes (Rio de Janeiro) e, depois, a partir de 1948, pelo TBC (São Paulo), vivia seu apogeu, escreveu extenso ensaio em que historia aspectos importantes da História Teatral, sob o título: "Teatro, uma Necessidade Social" (subtítulo: "Tudo o Que se Precisa Saber Sobre Teatro")[48]: a leitura desse texto evidencia a importância por ele atribuída, àquela altura, à arte teatral.

Essa dedicação de Rosenfeld ao teatro não foi, portanto, devida a uma aproximação mais recente: no conjunto de temas por ele abordado com relação à cultura alemã,

---

47. Cf., de A. Rosenfeld, *Na Cinelândia Paulistana* e *Cinema: Arte & Indústria*.

48. Cf. Que é Mise-en-scène?, *Prismas do Teatro*, p. 75-106.

o teatro costumeiramente teve a mesma relevância que o romance, a poesia e a filosofia. Isso se reflete claramente na sua coluna de Letras Germânicas, já citada, e concretiza-se no livro que constituiu uma primeira síntese da história teatral germânica: *Teatro Alemão* (publicado originalmente em 1968, pela editora Brasiliense, foi republicado em 1993 com *História da Literatura e Teatro Alemães*[49]). Esse livro, no qual historia as origens do teatro alemão, foi complementado por outro em que abordava temas e autores específicos. Tendo permanecido como projeto, a edição em livro foi levada a cabo *post mortem*, com acréscimos, sob o título de *Teatro Moderno*, em 1977.

Para finalizar, convém mais uma vez ressaltar a relevância de seu trabalho na área, visto as obras citadas constituírem excelente base de informações sobre o tema. Sua capital importância pode ser atestada pela recepção que teve, não só entre estudantes de letras germânicas e do teatro, como também pelo destaque que lhe foi dispensado por leitores críticos como, por exemplo, Fernando Peixoto (1937-2012). Prova-o a edição especial da *Revista de Teatro da* SBAT[50], dedicada a homenagear Anatol Rosenfeld. Nela, enquanto diretor e ativo participante do movimento teatral da época, Peixoto pondera que Anatol não apenas revelou "inesperadamente aspectos fundamentais do moderno teatro alemão ocidental", como também trouxe, com sua presença e interlocução intelectual,

"Um estímulo intelectual vigoroso a todos aqueles que souberam compreender o significado de Rosenfeld [...] no panorama da crítica teatral brasileira [...] Seu julgamento nunca foi gratuito ou dogmático: Rosenfeld sempre manteve uma posição crítica corajosa, lúcida, consciente e coerente".

---

49. São Paulo: Perspectiva/Unicamp/Edusp, 1993.

50. Sociedade Brasileira de Autores Teatrais (SBAT), *Revista de Teatro*, número especial organizado pelo Grupo Opinião e pelo Instituto Goethe do Rio de Janeiro, dedicado à memória de Anatol Rosenfeld, Rio de Janeiro, dezembro de 1973.

Ao especificar algumas características dessa contribuição, Fernando Peixoto salienta: "Sempre que se detinha na reflexão crítica de um espetáculo (ou de uma proposta de trabalho), Anatol exercia sua atividade com firmeza, defendendo, com argumentos objetivos, valores concretos e solidamente fundamentados, situando a produção artística em seu contexto histórico-político, analisando suas contradições e consequências, nunca encarando um espetáculo ou um texto teatral como um fenômeno isolado, mas, ao contrário, procurando relacioná-lo com outras manifestações dos difíceis caminhos de um processo sociocultural colonizado e em formação"[51].

Levando-se em conta a importância da vida e da obra de Fernando Peixoto, grande diretor, ator e crítico, um dos maiores intelectuais brasileiros a divulgar a obra e o trabalho brechtianos no Brasil, parece-nos desnecessário tecer maiores comentários sobre a oportunidade da publicação do presente livro de Anatol Rosenfeld.

Da Organização

Os artigos aqui reunidos cobrem um largo espaço de tempo, abarcando críticas e análises feitas ao longo de um período que se inicia em 1947 (escritos para a *Crônica Israelita* como repórter cultural), indo até os seus últimos anos, quando Rosenfeld publicava-os nos mais diferentes órgãos de imprensa e divulgação. Nesse sentido, cabe realçar a cobertura que fez de alguns grupos alemães em atividade na cidade de São Paulo e que, com certeza, será útil para um futuro levantamento sobre o teatro amador em língua alemã.

Vale lembrar ainda que esses trabalhos complementam, de alguma forma, outros já editados nos seus demais livros específicos sobre a arte da cena.

---

51. Fernando Peixoto, Anatol Rosenfeld e o Teatro Alemão, *Opinião*, 4.2.1974, p. 16.

Na 1ª Parte (Estética), inserimos alguns textos que complementam suas reflexões sobre o fenômeno teatral e, já no contexto da intensa atividade da comunicação de massa dos anos de 1970, considerações interessantíssimas acerca do lugar e do papel do teatro em relação às demais artes e áreas de entretenimento – mormente aquelas que operam com a reprodução mecânica, quais sejam, o cinema e a televisão.

Na 2ª Parte (Teatro do Absurdo), transcrevemos sugestivas considerações: primeiramente sobre uma das bases da eclosão do movimento detectadas cinquenta anos antes pelo teatro tchekhoviano ("O Bocejo de Tchékhov"), a partir de reflexões sobre uma das feições principais desse teatro, que tem como um de seus traços essenciais a representação teatral do tédio e da rotina; a seguir, dois artigos sobre Ionesco, um dos seus mais paradoxais e instigantes criadores, que Rosenfeld acompanha com ironia e inteligência em certos aspectos biográficos que se refletem na escritura dessa dramaturgia do senso do contrasenso; como fecho, dois interessantes trabalhos sobre a reflexão de Gerd Bornheim, professor e grande especialista que nos legou contribuição importante sobre o tema. A partir de artigos inéditos contendo reflexões e críticas a espetáculos, na 3ª Parte (Teatro Alemão), transcrevemos artigos variados que vão desde Goethe, passando por Dürrenmatt, Weiss e Hochhut, até chegar ao questionamento do moderno teatro alemão frente ao diagnóstico que faz de um "teatro acorrentado".

Na 4ª Parte (Teatro Alemão: Notas e Comentários), reproduzimos manuscritos publicados no Suplemento Literário de *O Estado de S. Paulo*. Trata-se de pequenas notas de acompanhamento e atualização sobre aquilo que ocorria em plagas germânicas e/ou de língua alemã.

Fechando a organização, na 5ª Parte (Teatro Alemão e Ídiche no Brasil), reproduzem-se crônicas e críticas feitas, na sua maioria, ao longo de seu trabalho como repórter da *Crônica Israelita*, que se constituem num valioso testemunho de sua atuação frente aos espetáculos dos mais variados matizes e contextos realizados, a maioria por grupos amadores de alemães[52].

Finalmente, desejamos externar a nossa satisfação de, ao longo destes quase quarenta anos, termos coligido parte substancial do legado crítico de Anatol H. Rosenfeld. A presente reunião de seus textos em língua portuguesa assinala, por assim dizer, uma espécie de fecho de nossa pesquisa. Não obstante, como é obvio, em se tratando de autor tão profícuo e de espectro cultural tão largo, o objetivo desta publicação não é simplesmente encerrar, mas ampliar com novos elementos o círculo dessa reflexão teatral, talvez das mais ricas, sobre o teatro alemão e a estética teatral.

Nanci Fernandes e J. Guinsburg

---

52. Convém observar que foram transcritos apenas textos escritos em português: ao longo do trabalho de Rosenfeld para a *Crônica Israelita*, muitas crônicas e críticas foram escritas em alemão, aguardando, portanto, futura tradução e publicação. Além dos títulos publicados pela Perspectiva, Anatol é autor de *Doze Estudos* (São Paulo: Conselho Estadual de Cultura/Comissão de Literatura, Imprensa Oficial do Estado. 1959); *O Teatro Épico* (São Paulo: DESA, 1965); *Teatro Alemão: História e Estudos – I Parte: Esboço Histórico* (São Paulo: Brasiliense, 1968); e *A Arte do Teatro: Aulas de Anatol Rosenfeld* [1968] (São Paulo: Publifolha, 2009).

Primeira Parte:

ESTÉTICA

1. LITERATURA E TEATRO[1]

Entre as teses que suscitaram vivas controvérsias no Congresso Brasileiro de Crítica, em Assis (SP)[2], contam-se também aquelas que o sr. Paulo Hecker Filho apresentou no seu trabalho sobre o Teatro Brasileiro; teses, aliás, que repetiu no seu primeiro artigo sobre o teatro brasileiro atual, publicado neste Suplemento em 30 de dezembro de 1961. O cunho radical dessas opiniões provocou objeções no Congresso mencionado, ora ressaltadas e apoiadas por Wilson Martins (no artigo "1961", no mesmo número do Suplemento) que salienta, em oposição às concepções exclusivamente literárias do teatro, sustentadas pelo sr. Hecker Filho, a peculiaridade do espetáculo teatral, da peça montada e representada. Vale citar o que Mário de Andrade disse certa vez ao apreciar de modo positivo uma realização

1. Suplemento Literário de *O Estado de S. Paulo*, 13.3.1962.
2. II Congresso Brasileiro de Crítica e História Literária, realizado em Assis, 24 e 30.7.1961.

49

do sr. Alfredo Mesquita, por ter este evitado "aquela poderosa, mas perigosíssima atração da palavra, com que em nossa civilização a literatura dominou o teatro e desequilibrou-o, esquecendo-se de que era antes de mais nada um espetáculo".

A discussão é antiga e esta contribuição procura evitar o extremismo contrário, em detrimento da literatura. Contudo, é necessário combater uma opinião que tende a reduzir o teatro, por inteiro, à literatura, qualificando a cena como "secundária" e mero "artesanato" e atribuindo-lhe só "em diminuta margem" uma "legítima intuição artística criadora". Não se faz jus à arte do ator, julgando-a "escrava, secundária, não inteiramente arte". Sem dúvida, é certa a crítica à hipertrofia da função diretorial – tão em voga no "teatro desenfreado" das primeiras décadas do século xx –, mas daí não é preciso chegar ao exagero de atribuir ao diretor apenas a função de "entender a peça". Há muita gente que entende peças sem por isso servir para diretor. Aliás, o próprio sr. Hecker Filho acrescenta logo que cabe ao diretor comunicar a peça "em sua plena possibilidade de significação", dando-lhe "a mais adequada e humana, tensa, encarnação possível". É evidente que isso exige do diretor não apenas a capacidade de entender a peça e sim uma série de qualidades entre as quais a menor certamente não será a da imaginação criadora. Enfim, o problema não é proposto na sua complexidade quando se diz que a magnitude do teatro "reside na literatura dramática. O demais é demais". Em se tratando de teatro, o demais é tudo. De outro modo, bastaria ler o texto.

A importância da literatura dramática – particularmente na fase atual do teatro brasileiro – deve de fato ser realçada. Reside nisso o grande mérito das teses em foco. No entanto, há no puritanismo literário, antiteatral, do sr. Hecker Filho algo de iconoclasmo, algo que se dirige contra o espetáculo sensível, multicor e festivo. Esse procedimento lembra um pouco o do afamado Gottsched, na Leipzig do século xviii, que se dirigindo, com razão, contra a separação total entre um teatro inteiramente tomado pelo mimo popular das companhias ambulantes e a literatura erudita, chegou ao extremo oposto de "exilar" e prescrever o Arlequim; o que, na palavra de Lessing, era "a maior arlequinada jamais levada à cena". Diante disso, surge a tentação igualmente extremista de dizer que no teatro os sentidos valem mais do que o sentido; e a vida dos sentidos mais do que o sentido da vida; que não cabe ao ator servir de intérprete ao drama, mas a este servir "à pintura viva do ator" (Lessing). Afinal, toda a história da literatura dramática explica-se pela aspiração de dar um *substrato* ao teatro.

Ainda que não se tenda a nenhum radicalismo oposto, em favor do teatro absoluto, há bons argumentos para limitar-se não só o exclusivismo do teatro literário, mas também a supervalorização do "literário" no próprio teatro literário. O argumento genético, no caso não inteiramente falso, mostra que a palavra não desempenha papel de destaque na origem do teatro. Pode-se acrescentar que pesquisas etnológicas atuais provam haver, entre povos que se hesita em chamar de primitivos, um *grande* teatro sem texto dramático. Pode-se argumentar também com a *Commedia dell'Arte*, teatro no sentido pleno do termo, o qual, aliás, exerce tremenda influência no século xx: é a volta de Arlequim, eterna encarnação do prazer elementar nas manifestações lúdicas da cena. Acrescente-se que o crítico teatral *não* é crítico literário, embora, também neste domínio, deva ter ampla competência. Existe uma "ciência do teatro" que está longe de se ocupar apenas com a história e a análise da peça dramática. Uma obra dedicada a esta ciência costuma conter não apenas capítulos sobre a dança, mímica, pantomima, sobre o "mimo" e o "ator" etc., mas também sobre uma série de tipos de textos que não se enquadram na "alta literatura", servindo, ainda assim e por vezes precisamente por isso, admiravelmente a certos propósitos teatrais.

Pode-se aduzir ainda que o palco literário, por mais realce que mereça em determinada fase de determinado teatro, é apenas uma das possibilidades, um dos setores do teatro, mesmo declamado. Um grande teatro como o barroco, talvez o mais espiritual e, ao mesmo tempo, o mais sensível que jamais existiu, dava em certas das suas manifestações – como a jesuíta – tão pouco valor à palavra que esta, sendo latina, nem sequer era entendida pela maioria do público. Os textos usados muitas vezes eram apenas "pre-textos" para a arte dos engenheiros, maquinistas, pintores, músicos, diretores e atores, que se uniam para assaltar todos os sentidos de um público a quem, simultaneamente, se apresentava a mais espiritual das lições: o engano, a fugacidade, a frustração do sensível em face do suprassensível e eterno. O teatro do mundo no mundo do teatro.

Todavia, todos esses argumentos são de ordem marginal. O que importa verificar é que a peça como tal, quando lida e mesmo recitada, é literatura; mas quando apresentada, passa a ser teatro. Trata-se de duas artes diferentes, por maior que possa ser a sua interdependência. A literatura teatral vira teatro literário; o que era substantivo passa a ser adjetivo, o que era substância torna-se acidente. Não é jogo de palavras. O fato descrito marca a passagem de uma arte puramente "temporal" (a literatura) ao domínio de uma arte "espaciotemporal" (o teatro), ou seja, de uma arte "auditiva" (deve considerar-se a palavra, na literatura, como um fenômeno essencialmente auditivo se não se tomar em conta as pesquisas concretistas que invadem o terreno das artes plásticas) para o campo de uma arte audiovisual. Estas velhas distinções estéticas talvez pareçam um pouco pedantes. No entanto, a sua importância salta aos olhos, visto mostrarem que às palavras cabe, no teatro, outro *status* ontológico do que na literatura. Nesta, a realidade dada à percepção é composta de sinais tipográficos (que só na poesia concretista adquirem valor sensível e expressivo) ou de sonoridades quando a obra é recitada. Em ambos os casos, o que "funda" a obra são os elementos sonoros das palavras, codadas (ao ouvido interior), quando ela é lida, e diretamente dadas à percepção, quando é recitada.

Contudo, o que "constitui" de fato a obra literária é a sequência das unidades significativas projetadas pelas palavras e orações. A partir deste processo muito mediado e através de várias outras mediações constitui-se na mente, ou seja, na imaginação do leitor ou do ouvinte, o mundo imaginário da ficção literária.

Já no teatro o que "funda" o espetáculo – e o que é dado à percepção imediata – são os atores e cenários *visíveis*. Através deles são quase-dados, quase-percebidos, ao ponto de quase não se notar a mediação, as personagens e o espaço irreal da ficção teatral. Assim, o mundo imaginário apresenta-se de uma forma quase direta, sem as numerosas mediações da literatura. A própria voz dada à percepção já não é propriamente a do ator e sim a da personagem, ao passo que na mera recitação a voz é sempre a do recitador. Tal diferença se verifica graças à metamorfose do ator tornado personagem (no teatro de Brecht, o fenômeno fundamental do teatro, a metamorfose do ator, é pressuposto: o ator deve ser a personagem para poder afastar-se dela; trata-se de um jogo inteiramente teatral, inconcebível na literatura). Formulando de modo radical pode-se dizer, portanto, que na literatura é a palavra que constitui a personagem, enquanto no teatro é a personagem que constitui a palavra, é fonte dela. Com efeito, no teatro a personagem já "fala" antes de pronunciar a primeira palavra. A grande personagem e o grande ator, cujo silêncio pode ser muito mais expressivo do que centenas de palavras, beneficiam-se mutuamente de um carisma que só através da presença viva se manifesta.

O que "funda", portanto, o espetáculo é o ator (e não as sonoridades das palavras), e o que o constitui são as personagens (e não conceitos ou unidades significativas). Há naturalmente a precedência da literatura teatral no teatro literário, já que este usa aquela como seu substrato. Entretanto, para o teatro essa precedência, usando analogias aristotélicas, é como a do bloco de pedra que será enformado pelo escultor, adaptando-se este naturalmente às "exigências" da matéria na sua mão. Sem dúvida, visto da literatura o palco apenas "interpreta" o texto. Visto, porém, do teatro, o texto contém apenas virtualmente, potencialmente, aquilo que precisa ser atualizado pela "forma", pela "ideia" teatral. Essa atualização é ao mesmo tempo "concretização", encarnação, é a passagem para a continuidade sensível e "existencial" daquilo que, no texto, é apenas "esquematizado" por conceitos descontínuos e abstratos. Todo leitor, individualmente, traduz os sinais tipográficos, sonoridades, palavras e conceitos em "representações" mentais através da sua imaginação. Só o teatro, contudo, lhes dá a plenitude da existência perceptual. E nesta passagem para o *medium* cênico, a palavra, ontologicamente, perde a sua função fundante ou constitutiva, cedendo-a ao ator que, metamorfoseado em personagem, torna-se fonte da palavra.

Nesta passagem de uma a outra arte, a própria escolha do ator é um ato criativo. A mediação do mundo imaginário já não dependerá apenas de palavras descontínuas e sim, antes de tudo, da presença e continuidade físicas do ator-personagem, que passa a preencher todos os detalhes que o texto literário apenas sugere. Aquilo que, na mente do leitor, era jogo imaginativo, quase sempre vago, tem de manifestar-se agora como "realidade" audiovisual precisa, totalmente determinada nos pormenores. Assim, o mundo imaginário passa do plano das *universalias* literárias para o plano do "nominalismo" dos sentidos; aquilo que, em cada espetáculo (mesmo em se tratando da mesma peça) exige o ato criativo da individualização e definição radicais, da escolha entre um sem número de possibilidades. E nessa definição e escolha não só colaboram o diretor e o ator, mas, em cada representação, o próprio público – fenômeno inexistente na literatura.

Esta escolha implica em cada gesto, em cada acento de voz, responsabilidade criadora, estética. Mesmo um filósofo como Nicolai Hartmann, tão dado à supervalorização da literatura, admite na sua *Estética* que ao ator (aí se incluindo sempre o trabalho invisível do diretor) cabe plena liberdade nos pormenores inumeráveis, pormenores que justamente constituem a "realidade" sensível da cena. E isso ao ponto de o ator se tornar, segundo Hartmann, cocriador, copoeta.

É aquilo que Voltaire reconheceu ao observar, a respeito do ator Lekain, que "não sou eu quem criou minhas tragédias – é ele!" Ao contrário do sr. Hecker Filho – que considera o corpo um "dado obscuro" –, Hartmann considera a palavra, face ao mundo sensível do teatro, matéria "bruta", pouco flexível.

Contudo, mesmo as formulações de Hartmann não são satisfatórias. O simples fato de, no espetáculo, já não ser constitutiva a palavra e sim o ator-personagem, confere às orações um significado diverso do literário. Elas só desenvolvem seu pleno valor cênico ao se tornarem "música de movimentos", ao se repetirem no gesto, na mímica e na pantomima, em suma, ao passarem para a dimensão audiovisual. Talvez valha a pena voltar ao assunto, principalmente para destacar as peculiaridades do trabalho criativo do ator[3].

---

3. Este artigo foi, na ocasião, complementado por outro, enfocando o trabalho do ator (Suplemento Literário de *O Estado de S. Paulo* de 17.3.1962) e reproduzido na obra: *Prismas do Teatro*, São Paulo: Perspectiva/Edusp/Unicamp, 1993, p. 27-34.

2. A LIBERTAÇÃO DO LIVRO[1]

Durante a I Bienal Internacional do Livro (São Paulo, de 15 a fins de agosto de 1970), realizou-se também o I Seminário Nacional do Livro, de cujo programa constava uma série de palestras, estudando o livro em confronto com os demais meios de comunicação: artes plásticas, televisão e rádio, revistas, jornais, cinema e teatro.

No que diz respeito ao teatro, foi exposto que as relações deste para com o livro são em geral de estreita dependência e, ao mesmo tempo, de tensão e oposição. São de dependência na medida em que a dramaturgia, na qual o teatro tradicionalmente se baseia, é um gênero literário que se comunica através do livro; e são de tensão e mesmo de oposição na medida em que o gênero literário, pela sua própria estrutura, omissa e deficiente por ser constituído em essência apenas de diálogos, sem recursos narrativos, exige

---

1. *Folha da Noite*, 2.9.1970.

a sua concretização no palco, no domínio, portanto, de uma arte diversa da literária. Para o dramaturgo enquanto escritor, o livro é um veículo de extrema importância: multiplica e difunde a sua mensagem e dá a ela duração; além disso, é veículo fiel: transmite a mensagem ao pé da letra.

Nenhum dramaturgo, porém, pelas razões mencionadas, se satisfaz com a difusão da sua peça através do livro apenas. O veículo mais adequado é o teatro. Porém, o teatro não é simplesmente veículo. É uma arte criativa, é fonte, ele mesmo, de mensagens que passam a usar o texto como um dos seus elementos, nem sempre o mais importante. A literatura se funda na palavra, o teatro no ator transformado em personagem. Naquela, a palavra é a fonte da personagem, neste, a personagem é a fonte da palavra. O teatro, embora mantendo as características auditivas e de sucessão temporal da literatura, adota de outro lado a visualidade e a espacialidade das artes plásticas. É, pois, uma arte bem diversa da literatura, cujo texto serve-lhe apenas de sistema de coordenadas a ser preenchido pelos dados da arte cênica. O texto, composto de palavras (sempre abstratas) sugere milhões de possibilidades de concretização. O teatro opta e escolhe entre elas, definindo-as criativamente no espaço e no tempo, mobilizando as virtualidades sonoras da palavra e traduzindo-a em movimento físico. Por isso, há uma infinidade de encenações, milhares de Hamlets e Ofélias, todos eles baseados num só texto. Dessa concretização definidora passa a participar também o público, influindo no espetáculo que nunca é totalmente concluso, ao contrário do livro.

A autonomia do teatro em face do livro – autonomia necessária que lhe possibilita adaptar o texto em função do tempo e do lugar em que o espetáculo se insere e do público a que se dirige – tende a levá-lo atualmente a excessos que resultam no uso de textos improvisados pelo grupo e até no abandono do texto em favor do espetáculo não verbal, radicalmente antiliterário. Essa tendência descamba facilmente, embora não necessariamente, para encenações baseadas em concepções irracionalistas e anarco-místicas, mormente quando o grupo procura pôr no palco, supostamente, o inconsciente individual ou coletivo ou se deixa contagiar por epidemias como o psicodrama, a psicodança, a psicomúsica e outros psicomodismos psicodélicos, geralmente já desprestigiados enquanto sensações, para esnobes novidadeiros nos respectivos países de origem.

A onda se espalha, desde há vários anos, pela Europa e pelos Estados Unidos e vem agora bater nas praias do Brasil. É lamentável que seja necessário repetir, agora e aqui, o que grandes críticos e homens de teatro como Peter Brook, Giorgio Strehler e S. Melchinger disseram na Europa, há vários anos, ao se dirigirem contra esses abusos cênicos: precisamos de um teatro com peças, de um teatro do qual a racionalidade e a lucidez não estejam ausentes.

É bom que o teatro se oponha, de tempos em tempos, à pressão unilateral do livro. Convém, porém, que a criança não seja lançada ao esgoto junto com a água do banho. A origem do teatro antiliterário encontra-se, como se sabe, sobretudo em Antonin Artaud (1896-1948). Ironicamente, a sua concepção antilivresca transmitiu-se aos seus atuais adeptos antiverbais através de um livro: *O Teatro e Seu Duplo*.

3. A ARTE DO ATOR[1]

Eugênio Kusnet é um ator que iniciou a sua carreira na Rússia e, emigrando em 1926 para o Brasil, se integrou na vida teatral brasileira, graças a Ziembinski. A sua atuação em palcos brasileiros proporcionou-lhe amplo reconhecimento e numerosos prêmios. Por sugestão do Teatro Oficina, começou a lecionar a arte da interpretação. Organizou cursos para principiantes e atores profissionais e ensinou nas universidades Católica e Mackenzie.

Iniciação à Arte Dramática[2], livro de sua autoria, se propõe a iniciar o leitor na arte de representar, tomando por base o método de Stanislávski e, naturalmente, a experiência do autor como ator e professor. Em dez lições são expostas noções fundamentais de uma arte que é definida como "a capacidade de convencer o espectador da realidade do

---

1. Suplemento Literário de *O Estado de S. Paulo,* 22.2.1696.
2. S. Paulo: Brasiliense, 1968.

que se imaginou" (p. 17), de modo que "o ator, através do seu comportamento físico, exterior, [...] convence o espectador da realidade da vida interior da personagem" (p. 18). Em seguida, são estudados os métodos graças aos quais "o ator aceita todos os problemas da personagem como se fossem dele próprio e então, para solucioná-los, age como tal" (p. 28). A partir daí, são examinados preceitos importantes da arte de interpretar: por exemplo, a lógica da ação, a continuidade e o objetivo da ação, o subtexto, isto é, aquilo que o ator estabelece como pensamento íntimo da personagem antes, depois e durante as falas manifestas do texto, a memória emocional (em contraste com a memória dos fatos e eventos) etc. Essas e outras noções importantes e seu funcionamento no trabalho do ator, na elaboração da personagem e no processo empático da identificação com o papel, são expostos de forma dialética, recorrendo o autor a numerosos exemplos tirados do trabalho de Stanislávski e da própria experiência.

O título da obra (que é uma iniciação à arte do desempenho teatral) talvez sugira uma abordagem mais ampla, já que a arte dramática inclui as atividades do dramaturgo, diretor, cenógrafo, figurinista, maquiador, iluminador etc. É óbvio, no entanto, que a arte do ator é o elemento central do teatro. Visto a partir do teatro, como é legítimo, e não a partir do texto dramático, como tal um gênero literário; tudo gira em torno da "pintura" do ator, na expressão de Lessing. Por mais que o dramaturgo possa considerar o teatro como mero "veículo" e meio de divulgação da peça, veículo certamente superior ao livro, não se pode deixar de reconhecer que, a partir do teatro, o texto é apenas "material" a ser enformado pelo ator (e diretor). Nesse sentido, o título do volume em pauta pode ser aceito.

Kusnet aborda seu assunto com modéstia. Não acredita propor leis absolutas, já que em arte "não há nada de inviolável, tudo é duvidoso, tudo depende da concepção pessoal". Isso não exclui que "para mim, é um axioma que o artista não pode criar sem ter vontade de convencer" (p. 17). Ora, será possível "convencer alguém de alguma coisa em que nós mesmos não acreditamos?" (p. 20). Deste raciocínio segue-se quase necessariamente a adoção das concepções stanislavskianas, visando a máxima empatia emocional com o papel. Desejar-se-ia, neste ponto, que o autor tivesse abordado, pelo menos a título de debate, concepções tão contrárias às de Stanislávski como as de Diderot ou Coquelin. Entretanto, o sr. Kusnet é um formulador hábil e cauteloso que não chega aos extremos de certos maus aspectos de Stanislávski, segundo os quais o ator, por assim dizer, se anularia na identificação radical com a personagem.

Agimos em nome de outra pessoa, agimos *como se fôssemos uma outra pessoa*. Isso não quer dizer *que a pessoa do ator deve desaparecer deixando seu lugar à personagem. Nada disso. Isso significa apenas que o ator aceita todos os problemas da personagem como se fossem dele próprio e então, para solucioná-los, age como tal*[3] (p. 28).

Prossegue:

Quando o ator não consegue agir no sentido dos objetivos da personagem, ficam apenas os objetivos dele, do ator: brilhar, ser admirado, ser 'o tal' etc. Mas isso não interessa ao espectador que vai ao teatro para ver a vida das personagens com todos os seus problemas e objetivos (p. 28).

A disjunção não parece concludente. O ator pode perfeitamente atuar no sentido dos objetivos da personagem e ainda assim poder discordar deles, criticando-os, no sentido de Brecht, sem que se manifeste a alternativa de ele, ator, querer brilhar, ser admirado etc. O próprio Kusnet, contudo, mostrando latitude de concepção e ausência de dogmatismo, retifica a disjunção mencionada, pedindo que não se a entenda ao pé da letra: admite a presença e a ação do ator simultaneamente com as da personagem. "É claro que, nesse caso, a ação do ator é tão importante quanto a da personagem. No teatro épico de Brecht essa coexistência é permanente: a personagem coexiste com o ator-cidadão

---

3. Grifos do original.

que narra, que comenta, que apresenta a personagem para julgamento do espectador" (p. 30).

Ambos, Stanislávski e Brecht, sem dúvida, desenvolveram outras concepções da realidade e, por isso, do realismo cênico e, conseguintemente, outras concepções no que diz respeito ao desempenho teatral. Nem por isso os métodos se excluem, mas, segundo a opinião do próprio Brecht, se complementam. É difícil imaginar um "ator brechtiano" que não tenha assimilado as ideias de Stanislávski, já que é preciso saber viver intensamente a personagem para poder distanciar-se dela. No entanto, não se pode imaginar esse jogo complexo sem que o ator tenha absorvido algo daquele famoso paradoxo sobre o ator, de Diderot, segundo o qual o talento do ator consiste "não em sentir [...], mas em expressar tão escrupulosamente os sinais externos do sentimento, que vós (espectadores) vos enganais, a esse respeito"[4].

De resto, o próprio Brecht, que se vê a si mesmo, a muitos respeitos, como continuador de Stanislávski, devotou-lhe alto apreço e reconhece que também esse "grande homem de teatro" elaborou certas técnicas de distanciamento. De outro lado confessa que ele, como autor, "necessita da capacidade do ator de plena empatia e de completa metamorfose que Stanislávski pela primeira vez apreendeu sistematicamente". Frequentemente, se dirigiu contra a simplificação das teorias de Stanislávski e de suas próprias teorias, como se aquele acreditasse numa "metamorfose mística" no palco e ele, Brecht, quisesse na cena "pálidas criaturas de retorta", em vez de seres humanos "plásticos, contraditórios, reais". É preciso salientar que nada dessa simplificação se encontra no livro do sr. Kusnet, pelo menos no que se refere a esse problema.

O livro revela em todos os momentos vasta experiência e refletido conhecimento teórico. Nem sempre se concorda

---

4. O Paradoxo Sobre o Ator, *A Filosofia de Diderot*, trad. e comentários de J. Guinsburg, São Paulo: Cultrix, 1966. Reedição em O Paradoxo do Comediante, *Diderot, Obras II: Estética, Poética e Contos*, J. Guinsburg (Trad., org. e notas), São Paulo: Perspectiva, 2000. (Col. Textos 12.)

com as concepções psicológicas, menos ainda com as linguísticas (estas decididamente unilaterais e simplificadas). Todavia, não se pode deixar de admitir semelhantes simplificações, no plano da práxis, como recursos didáticos viáveis e funcionais.

Resta dizer que o livro é surpreendentemente bem escrito. Distingue-se pela clareza e precisão, assim como pela exposição viva, interessante e "dramática".

4. O TRÁGICO NA OBRA DE BÜCHNER[1]

Somente nesse século xx, quase cem anos depois de sua morte, Georg Büchner (1813-1837) foi reconhecido como o grande dramaturgo que é. Na *Histoire de la Littérature Allemande*, de Adolphe Bossert, obra premiada pela Academia Francesa, nem sequer consta o seu nome. Esta obra, aliás excelente, saiu em 1904. Mas o fato é que ainda na década de 1920 apareceram, de autores alemães, histórias da literatura alemã nas quais tampouco surge o nome de Büchner, embora o então autor de *A Morte de Danton* e *Woyzeck* já se tornara objeto de um interesse crescente. *A Morte de Danton* foi, pela primeira vez, apresentada em 1910 (Hamburgo) e *Woyzeck* em 1913 (Munique). O passo decisivo para fazer de Büchner uma presença viva foi dado por Max Reinhardt que, durante a Primeira Guerra Mundial, apresentou *A Morte de Danton* em Berlim numa encenação que se tornou

1. Manuscrito.

famosa. Em 1921, Bernhard Diebold, na sua obra *Anarquia no Drama*, que é um dos documentos básicos da dramaturgia expressionista, já reconhece a profunda influência que Büchner exerceu sobre Frank Wedekind, um dos inspiradores do teatro expressionista e moderno em geral. Essa influência marcou, também, a obra de Gerhart Hauptmann, bem como a de Bertold Brecht. Hoje, o interesse por Büchner é universal, como testemunham bibliografias e as apresentações das suas peças em todos os centros teatrais.

O propósito do sr. Erwin Theodor Rosenthal, no seu livro *O Trágico na Obra de Büchner*[2], não é o de examinar os aspectos propriamente literários e estéticos dessa obra – o caráter expressivo da linguagem, técnica do diálogo, metafórica, recursos para caracterizar as personagens, estrutura fechada (tectônica) ou aberta (atectônica) das peças, eficácia cênica, tensão dramática etc. É, como já indica o título, o de investigar "o trágico", isto é, certos aspectos que se referem à cosmovisão e ao sentimento de vida expressos na obra de Büchner. A investigação dessa "consciência trágica" baseia-se num conhecimento sólido das fontes e das principais interpretações (ocorre-nos, no momento, apenas uma falta importante na bibliografia: a excelente obra de Jean Duvignaud[3]. À base do estudo minucioso do texto (incluindo a correspondência), o autor chega à conclusão de que "a chave para a compreensão (da obra) se encontra no trágico que a perpassa de lado a lado. É a decorrência da cosmovisão de Büchner daquilo que chama de 'fatalismo da história'". O aspecto trágico se externaria particularmente "na repetição constante dos temas de sofrimento e desesperança, bem como na ideia da morte". Trechos marcantes do trabalho referem-se à análise do tédio, da angústia e da concepção da morte, como também à ideia do homem, concebido como fantoche e joguete de determinações exteriores. Pode-se discordar de certas interpretações do pensamento

2. Assis: Faculdade de Filosofia de Assis, 1961.
3. *Büchner*, Paris: L'Arche, 1954. (Coll. Grands Dramaturges.)

de Büchner particularmente da apreciação insuficiente do radicalismo socialista desse revolucionário *défroqué*[4], mas não se pode negar o cuidado com que procura sustentar tais interpretações.

Se do ponto de vista do apuro analítico e da solidez dos conhecimentos o estudo se afigura digno de nota, há, contudo, aspectos que suscitam o desejo de uma futura elaboração e complementação. É perfeitamente legítimo estudar o trágico na obra de um grande escritor, mesmo quando esse conceito não é entendido como valor propriamente estético – que se manifesta de preferência na tragédia –, mas como um conceito fundamental da existência humana, como concepção metafísica ou como uma atitude desesperada, que tanto pode revelar-se através de novelas, poemas e mesmo comédias, como através de obras filosóficas ou atitudes e comportamentos reais. Nesse sentido, o autor tem plena razão em examinar os elementos trágicos também na novela *Lenz* e na comédia *Leonce e Lena*. Todavia, ter-se-ia desejado que o autor tivesse ao menos esboçado a problemática envolvida. Qual é a relação entre o trágico e a tragédia? *A Morte de Danton* e *Woyzeck* são tragédias ou contêm apenas elementos trágicos? O fato é que somente há cerca de dois séculos se estuda o trágico como algo fora da tragédia. Ou como diz Peter Szondi (no seu *Ensaio Sobre o Trágico*, aliás citado por Rosenthal*): "Desde Aristóteles existe uma poética da tragédia, mas somente desde Schelling uma filosofia do trágico". E Max Scheler chega a considerar o trágico não somente como uma experiência especificamente humana, mas como elemento do próprio universo.

Ademais, espera-se num trabalho, cujo conceito fundamental é o trágico, pelo menos a discussão desse termo. Seria pedantismo exigir uma "definição" – certamente dificílima (Jaspers tentou dá-la). Todavia, aquela que o autor apresenta – aliás, a única formulação geral a respeito que

---

4. Que abandonou o hábito religioso, melhor dizendo, no caso, "o revolucionário arrependido".

* Acréscimo dos organizadores.

consta do livro – é decerto insuficiente: "Verifica-se o trágico quando sucumbe o todo, ou parte daquilo que realmente empresta o valor essencial à existência humana". Além do vago da formulação, que só se refere a uma pequena parcela de experiências possivelmente trágicas, deve-se acentuar que a derrocada de todos os valores não é, por si, trágica. Ela talvez se torne trágica quando se reflete na consciência de uma personagem ou personalidade representativa. Porém, mesmo o sofrimento ou o tédio decorrentes desse vazio ainda não são trágicos. Talvez sejam tristes – termo que não inclui nenhuma desvalorização estética –; as peças de Tchékhov – em que o tema do tédio, do vazio e do sofrimento concomitante é fundamental – não são tragédias, nem trágicas, apenas profundamente tristes. Isto, contudo, não lhes diminui o extraordinário valor. O mesmo se pode dizer dos filmes *La Notte* e *Dolce Vita*, que giram em torno de experiências semelhantes, típicas de certas camadas sociais em fases de inércia e de estagnação. O trágico possivelmente se verificaria na *resistência* da personagem representativa a esse vazio, isto é, na sua luta ativa e no seu naufrágio final – em última análise, na colisão e no conflito de valores; pois quem ainda luta é sustentado por valores. Atua em favor deles, contra outros; o próprio vazio, o *taedium vitae*, esse grande tema de Kierkegaard e Schopenhauer, é a expressão do triunfo de valores negativos, incapazes de "emprestar o valor essencial à existência humana".

Admitindo isso, seria talvez possível mostrar que entre as manifestações particularmente adequadas do trágico, situa-se precisamente a tragédia, no sentido clássico, porque é nela, na sua estrutura enxuta, rigorosa, que a colisão dos valores se verifica com o máximo poder, a máxima tensão e eficácia. Notar-se-ia, talvez, que o cunho fortemente épico-lírico das peças de Büchner decorre em parte do fato de os seus heróis serem passivos, deixando de agir, em vez de agirem, como parece convir aos heróis trágicos e "dramáticos" em geral. Verificar-se-ia, de outro lado, que a polêmica de Brecht (e de outros autores modernos) contra a estrutura clássica, aristotélica, é ao mesmo tempo uma luta contra a tragédia. Para um marxista como Brecht, o próprio conceito de trágico é uma mistificação, na medida em que o trágico é considerado elemento imutável da condição humana.

Essas observações colocadas no condicional evidentemente não pretendem impor qualquer conceito "imutável" do trágico e da tragédia. Visam apenas sugerir que o trabalho em foco – de resto excelente – merece certa complementação através de tais e outras indagações com as quais Erwin T. Rosenthal ao mesmo tempo consolidaria a base conceitual de um estudo, cujo maior defeito é não esclarecer a noção que o seu tema focaliza.

5. TEATRO E ARTE[1]

Aristóteles, ao definir a tragédia, considera parte integral dela os aspectos visuais e a música: "Como é pela ação que as personagens produzem a imitação, daí resulta necessariamente que uma parte da tragédia consiste no belo espetáculo oferecido aos olhos; vem, em seguida, a música e, enfim, a alocução"[2]. O trecho é importante porque demonstra que Aristóteles considerava os elementos propriamente teatrais como partes integrantes da tragédia, isto é, da literatura dramática.

É idêntica a opinião de Horácio (*Epistola ad Pisones* [*Carta a Pisones*]). Falando da *Arte Poética* e, em especial, do drama, Horácio diz que coisas comunicadas pelos ouvidos afetam a mente de um modo menos acentuado do que as comunicadas pelos olhos, argumento usado para realçar a importância do palco.

1. Manuscrito.
2. Cap. VI, *Arte Poética*, São Paulo: Difusão Europeia do Livro.

Dentro da arte poética, tradicionalmente, a literatura dramática concebida como se destinando especificamente ao teatro, e só nele encontrando a sua concretização verdadeira, é considerada a mais elevada expressão da literatura. Quase todos os grandes teóricos da literatura, desde Aristóteles e Horácio, julgam a arte dramática como a arte suprema entre as outras formas de literatura. Grandes esteticistas, como Kant e Hegel, julgam mesmo a arte dramática como a arte suprema entre todas as artes.

Antonio Sebastiano Minturno (século xv), importante pensador do Renascimento, define a poesia dramática como "imitação de coisas a serem apresentadas no teatro", e nisso o seguem outros grandes teóricos renascentistas como Scaliger e Castelvetro. Este último acentua: "A tragédia não pode exercer a função que lhe é própria através da leitura, sem encenação e desempenho."[3] (Também na França, Espanha, Inglaterra e Alemanha, o drama nunca é concebido como objeto de leitura e sim de representação teatral (por exemplo, Jean de la Taille, em *Arte da Tragédia*, de 1572; e Jean Chapelain com seu *Resumo de uma Poética Dramática*, de 1630.) Todos falam sempre do espectador e não do leitor.

Pierre Corneille, comentando Aristóteles, afirma corretamente que o filósofo preferia a literatura dramática à narrativa por incluir na primeira a decoração material do palco e a música[4]. Opiniões idênticas são as de Addison, Bryden, Diderot, Lessing etc.

* * *

Que a literatura é considerada arte não precisa ser destacado. Quase todos os grandes tratados dedicados à teoria da literatura referem-se, já nos títulos, à "arte poética" ou "arte literária". Modernamente, costuma-se falar da "obra de arte literária".

---

3. Giacomo Castelvetro, *Poetica d'Aristotele volgarizzata ed esposta*, 1570.
4. *De l'utilité et des parties du poème dramatique. Premier discours*, 1660.

Pode-se considerar, como geralmente tem sido feito, o teatro como elemento integral da arte ou literatura dramática. Pode-se também fazer uma distinção entre o texto dramático, enquanto literatura, e a interpretação teatral desse texto. A *interpretação* sempre foi concebida como uma arte importante, tanto na música, através de cantores e músicos, como na literatura, através da declamação e do desempenho. Pode-se, ao fim, considerar o teatro como uma arte autônoma, em larga medida independente da literatura (sendo esta apenas um elemento entre outros), como ocorre no mimo, na *Commedia dell'Arte* e, amplamente, em geral no teatro barroco, e ainda modernamente, já que hoje se realça a arte da encenação, da pantomima, do jogo cênico, da coreografia, do "ritmo cênico", da cenografia, como artes especificamente teatrais, todas elas sintetizadas pelo diretor ou encenador. Entre todos esses elementos, o texto literário seria apenas mais um, nem sempre o mais importante.

Há conservatórios e escolas de *arte dramática*, muitas vezes ligados a universidades, em que se estuda especificamente o conjunto das "artes teatrais" e a "estética teatral". Um importante teórico como Artur Kutscher (professor da Universidade de Munique) afirma no seu *Manual da Ciência do Teatro* (Munique, 1949) que a célula matriz do teatro é a dança e a expressão mímica – artes vetustas e universais a que só bem tarde se associou a arte literária. "Dramático", para Kutscher, significa em essência "expressão mímica". O teatro, com efeito, é arte mais antiga que a literatura e, ainda hoje, os etnólogos estudam formas de uma arte teatral extraordinária entre tribos ou povos que não possuem literatura (por exemplo, os pigmeus).

A especificidade da arte teatral, em face da literatura, foi destacada modernamente muitas vezes. Cito apenas as seguintes opiniões:

Hegel, na sua *Estética*: "Chamam-se agora os atores de artistas e tributa-se-lhes toda a honra de uma profissão artística; ser um ator deixou de ser, segundo a nossa atual concepção, mácula social ou moral. E isso com razão, pois esta arte exige muito talento, inteligência, perseverança, disciplina, exercício, conhecimento, sim, no seu ápice ela exige mesmo um gênio ricamente dotado".

Georg Simmel (o grande filósofo):

Pode parecer bonito dizer-se que o ator somente deverá insuflar vida ao drama e tornar-se apenas a forma viva da obra literária – mas tal concepção faz desaparecer, entre o drama e a realidade, a incomparável arte do ator como tal [...] O decisivo é que o ator cria à base de uma unidade totalmente autônoma e que sua arte tem as suas raízes nos mesmos últimos fundamentos de toda a arte em geral, tal como a do poeta. Só esta autonomia da arte do desempenho torna legítimo o fenômeno estranho de que a personagem literária, criada como uma só personagem unívoca, será apresentada por diversos atores em criações completamente diversas, das quais cada qual pode ser perfeitamente adequada, nenhuma mais certa e nenhuma mais incorreta do que a outra [...] Se compreendermos a arte do desempenho como uma energia artística radicalmente original da alma humana, ao ponto de assimilar a arte literária e a realidade no seu próprio processo vital, em vez de compor-se mecanicamente delas, então a interpretação dessa arte desemboca também na grande corrente da moderna compreensão do mundo [...] O ator, porém, tampouco é, como o pintor de retratos, o imitador do mundo real, mas o criador de um mundo novo que, evidentemente, é aparentado com o mundo real".[5]

Julius Bab (importante crítico alemão):

A arte do ator é a célula matriz do teatro de que todo o resto se desenvolveu[6].

Eu quero dar um exemplo com relação à diferença total entre a arte do mero disfarce e a arte do ator. Vi a famosa Sarah Bernhardt, quando já contava setenta anos, no seu mais famoso papel, como

5. *Brücke und Tür: Essays des Philosophen zur Geschichte, Religion, Kunst und Gesellschaft*, Stuttgart: K.F. Koehler, 1957. *Brücke und Tür: Essays des Philosophen zur Geschichte, Religion, Kunst und Gesellschaft*, Stuttgart: K.F. Koehler, 1957.

6. Julius Bab, *Kränze dem Mimen: Dreissig Porträts grosser Menschendarsteller im Grundriss einer Geschichte moderner Schauspielkunst*, Emsdetten: Lechte, 1954.

Dama das Camélias. Essa Marguerite Gautier deve ser uma moça de no máximo 25 anos. A velha Sarah, portanto, se esforçou para disfarçar-se, por meio da maquiagem e vestuário juvenil, em criatura jovem. O resultado era horripilante. Tinha-se a sensação de ver um cadáver ornamentado – falsidade extrema. Mas, em seguida, Sarah começou a *desempenhar* o papel e manifestou-se o grande e velho milagre da metamorfose do ator. Voz, figura, movimento e todo o jogo fisionômico transformaram essa mulher, após poucos minutos, em uma jovem. A verdade que vivia no seu íntimo, a capacidade de ser uma criatura juvenil no amor e no ódio, na felicidade e no desespero, nas paixões variadas – essa capacidade se manifestou com plenitude. A verdade interior tornou-se visível, tornou-se carne, a jovem Marguerite vivia diante de nós, suscitando a nossa comoção profunda. O disfarce fracassara, mas o milagre da arte teatral triunfou.

Esse exemplo mostra que, por mais que o dramaturgo possa dar o ensejo, o fato teatral é uma coisa completamente diversa que a mera execução de uma encomenda dramática. A obra dramática de Alexandre Dumas dificilmente tem, como obra de arte literária, a força de nos interessar intimamente. Somente uma série de grandes atrizes tornou essa personagem em experiência inolvidável. E quem, dentre aqueles que costumam frequentar o teatro, não teria muitos exemplos para o fato de que um texto completamente apagado, muitas vezes já esquecido, proporcionou através da arte de um ator uma impressão inesquecível.

Federico Garcia Lorca (de uma famosa alocução de Lorca proferida após a estreia de *Yerma*):

O teatro é um dos instrumentos mais úteis e expressivos para a edificação de um país, o barômetro que lhe registra a grandeza e o declínio […] Uma nação que não ajuda e encoraja o seu teatro está, se não morta, moribunda; da mesma forma que, se o teatro não sente o pulso social, o pulso histórico, o drama do seu povo, nem lhe apreende a cor genuína da paisagem e o espírito, com as risadas e as lágrimas, ele não tem o direito de se chamar teatro, mas sim é um lugar de divertimento ou um lugar para fazer aquela coisa terrível que se chama matar o tempo.

Nicolai Hartmann (da *Estética*):

Na arte dramática, "intervém uma segunda arte e um segundo artista entre a criação literária propriamente dita e o leitor: a arte do desempenho e o ator [...] O leitor transforma-se em espectador". Com isso, muito se modifica. Em primeiro lugar, ocorre a inserção da arte da interpretação entre o criador espiritual e o contemplador da obra. Trata-se de uma arte de segunda ordem – o que, contudo, não deve ser entendido em sentido depreciativo; esta arte permanece próxima da literatura, mas é de outra ordem. A literatura dramática torna-se dependente dela, deve tomá-la em consideração, deve contar com ela [...] Ela necessita agora do ator, da direção, de todo um aparelhamento real, do palco, da ribalta, dos bastidores, em resumo, do teatro [...]

A obra literária depende agora, também no seu fundo, do ator. A ele, ao ator, cabe toda a criação dos pormenores a serem apreendidos pelos sentidos. Ele tem liberdade em inúmeros detalhes de ordem impalpável. Ele passa a ser cocriador da obra, sim, torna-se copoeta. Neste sentido, o ator (isto é, todos os elementos cênicos) está longe de ser apenas artista reprodutivo; a seu modo e, nos seus limites, é artista criativo [...] Sua realização é arte autêntica, criadora.

6. PROBLEMAS DO TEATRO[1]

No 1 Encontro em *Cadernos Brasileiros*, realizado nos iní-
cios de outubro de 1964, no Rio de Janeiro, foram debatidos
problemas da literatura e imprensa, das artes plásticas e do
teatro, com base em relatórios elaborados por especialistas nos respectivos domínios. Coube a João Bethencourt o
relatório sobre o teatro. Apoiado em considerações socio-
lógicas, comunicou as ideias, experiências e dúvidas de um
profissional, apresentando uma visão lúcida, mas extremamente pessimista no tocante ao futuro do teatro.

Certos dos problemas propostos ultrapassam o campo
cênico. Quase todas as artes foram atingidas, de uma ou de
outra forma, pela extinção da patronagem e encomenda
concretas, substituídas pelo jogo da oferta e da procura
em face de um mercado anônimo. No teatro, isso resulta
na oferta do produto a um público de pouca unidade e

---

1. Suplemento Literário de *O Estado de S. Paulo*.

coesão. A fragmentação do público leva àquela do próprio teatro, desdobrado nos tipos comerciais (de mero divertimento), culturais ou intelectuais (de alta sofisticação e cunho experimental) e didáticos, de tendência política ou em geral ideológica.

Dúvidas graves foram expressas pelo relator acerca da capacidade do teatro de subsistir frente às indústrias de divertimento (cinema, rádio, televisão, discos etc.). E isso não apenas diante da imensa penetração desses veículos ou artes, impossível de ser alcançada pelo teatro – que parece ter deixado, em definitivo, de ser a arte popular do nosso tempo –, mas também no que diz respeito à própria linguagem artística: não seria a expressão cinematográfica muito mais do nosso tempo do que a teatral, desesperadamente antiquada?

Entre os presentes, alguns encarregados da réplica se manifestaram, particularmente Décio de Almeida Prado, Afrânio Coutinho, José Guilherme Merquior, além de outros participantes. De um modo geral, não acompanharam o pessimismo do relator. Foi salientado, por exemplo, que o teatro nos Estados Unidos continua a gozar de prestígio superior ao das *mass media*, mantendo-se, em essência, numa posição inabalada. O surto do teatro moderno no Brasil parece provar o mesmo, apesar de todas as crises. Parcelas ponderáveis da juventude brasileira mostram um interesse inusitado pelo teatro. Na Europa, a própria tradição multissecular do teatro dá-lhe um relevo que não parece justificar previsões sombrias. Mencionaram-se certos tipos de organização capazes de ampliar o público, particularmente através do mecanismo de assinaturas; outras facilidades seriam o transporte coletivo de cidades próximas dos centros teatrais, venda de lotações a grupos (escolas, fábricas etc.), como aliás já vem sendo feito por alguns teatros no Brasil. Em muitos casos, as subvenções parecem indispensáveis. Foi demonstrado que, por exemplo, na Alemanha Ocidental a contribuição oficial alcança cifras impressionantes. Em Munique (1,065 milhão de habitantes) as subvenções para cinco teatros atingem a mais de sete bilhões de cruzeiros. O teatro municipal de Freiburg (138 mil habitantes) recebeu, em 1962, uma subvenção muito superior a um bilhão de cruzeiros[2].

É evidente que o teatro, como divertimento miúdo e rasteiro, não pode competir com a indústria especializada. Esta, muito mais eficaz nesse domínio, talvez acabe libertando o teatro dessa tarefa. Emancipado de uma função que antigamente lhe coube em alta medida, pode agora concentrar-se num entretenimento de nível mais elevado, evidentemente também acessível ao cinema, radioteatro etc. Não é preciso salientar que todas as artes, principalmente as miméticas, mesmo no seu sentido mais elevado, mesmo quando apresentam uma visão trágica do mundo devem ser motivo de prazer e entretenimento festivo.

Boa parte da produção industrial diverte no plano do *kitsch* ou da pseudoarte; produtos, aliás, cujo surto se deve à mesma revolução industrial que, concomitantemente, criou as massas consumidoras do *kitsch*. Face à indústria de diversão (na sua acepção mais rasa), com a sua irresistível penetração totalitária, com o seu "terror suave" (Guenther Anders), com a sua imensa máquina de conformização, o teatro pode exercer a importante tarefa de contradição, aprofundamento, oposição e crítica individualizadora e diferenciadora. A indústria de diversão é, hoje, em todos os níveis (qualquer que seja o regime), um sistema que, ao produzir as suas mercadorias em série, produz ao mesmo tempo, igualmente em série, o consumidor para essa mercadoria. Longe de satisfazer necessidades de conteúdo qualificado (a não ser o desejo geral e vago da distração), a indústria, ao criar os produtos, cria paralelamente a necessidade de adquiri-los. De início, os consumidores se adaptam – ou são adaptados – aos conteúdos que lhes são fornecidos e que são de assustadora semelhança.

---

2. Correspondência de valores em janeiro de 2012: cerca de 150 milhões e 21 milhões de reais, respectivamente.

Paulatinamente, porém, não há mais necessidade alguma de adaptação: estabelece-se uma identidade completa entre o produto e o consumidor. Ao fim, o consumidor já não somente necessita daquilo que se lhe oferece, como também não consegue mais necessitar de outra coisa. Não consegue nem sequer imaginar nada a não ser aquilo que lhe foi imposto pelo produto. Trata-se de uma "indústria da consciência", indústria aliás que, como veículo geral de comunicação, tornou-se a chave do poder em nosso século.

Muitas vezes, o público prefere esse tipo de divertimento a outros, mais sérios, porque se lhe afigura neutro e apolítico, despido de teor tendencioso. Não gosta de se submeter a um teatro didático, ideológico, politizado (em qualquer sentido) porque detesta ser objeto de manipulação ideológica ou política. O fato, contudo, é que o divertimento contém sempre uma ideologia, ainda que, em casos extremos, seja difundida apenas aquela da ausência de ideologia ou a da neutralização e anulação, principalmente a do conformismo total e completo.

O "terror totalitário" desse divertimento reside no fato de o público encontrar-se desarmado, incapaz de resistir porque a própria maneira de o produto se apresentar é de tamanha inocência que a ninguém surge a ideia de se armar e se defender. Assimilamos aquilo que nos é injetado sem percebermos sequer que fomos manipulados. Entre os poderes que hoje nos formam e deformam, não há nenhum cuja força de cunhagem possa competir com a da indústria da consciência. O modo de como atualmente rimos, andamos, falamos, pensamos e, principalmente, deixamos de pensar nos vem, em grau cada vez maior, dessa indústria. É precisamente o acondicionamento *kitsch*, sem tensões, apetitoso, rosado, adocicado, que facilita a digestão da mercadoria. Consumimos sem perceber que somos consumidos. Ora, quem consome sem liberdade consome a escravidão. E engolimos de fato sem liberdade: a mercadoria penetra gratuitamente nos recessos do lar. O cinema fica na esquina. Tudo se processa automaticamente. Até Beethoven se torna *kitsch* quando "rega" o ambiente e quando se ouve a música descascando-se cebolas ou jogando baralho. Seria ingênuo acreditar que tal divertimento invade apenas um setor insignificante da nossa consciência. A consciência é uma só: a inundação de um setor comunica-se por osmose ao todo.

Diante desse poder, o teatro parece ser uma arma negligenciável. Permanece num estágio artesanal e não pode competir com os processos industriais. Ainda assim, ou precisamente por isso, pode criar ilhas de resistência, de atrito e não conformismo. Precisamente a sua estrutura artesanal, aparentemente obsoleta e arcaica, resulta, no contexto descrito, em privilégio e superioridade incontestáveis. O próprio método de produção já distingue o produto. Mesmo quando a matéria-prima (o texto dramático) é importada, o espetáculo sempre é feito sob medida, para a região, o país, o público em questão[3].

Nos debates promovidos por *Cadernos Brasileiros* foi realçado, mais uma vez, o privilégio indelével que advém ao teatro exatamente por sua qualidade artesanal: a presença viva do homem no palco, a comunicação (não mediada por imagens ou transmissões) entre pessoas encarnando

---

3. Em manuscrito do acervo, leem-se as seguintes anotações comparativas sobre teatro e comunicação:
Teatro e Comunicação
1. Büchner escreve. Comparação entre teatro, livro e cinema, literatura e cinema. As fontes são o teatro e o cinema como artes autônomas, não o roteiro e o texto da peça, que são apenas material elaborado em função da tela e do palco.
2. Teatro e cinema: artes audiovisuais, espaçotemporais.
3. Teatro: arte constituída pelo ator transformado em personagem fictícia (metamorfose). Livro: constituído por palavras e orações. Cinema: constituído por imagens em movimento.
4. Relação com o público. Adaptação flexível do teatro ao respectivo público. *Feedback* imediato. Contato direto. Indução mútua.
5. Comunicação imediata possibilita o jogo brechtiano e várias formas de contato psicofísico entre palco e plateia.
6. Função crítica do teatro em face das indústrias culturais e do suave terror exercido por elas, na medida em que os seus produtos consomem os apreciadores enquanto são por eles consumidos.
7. O teatro como exemplificação do fenômeno fundamental da comunicação.

personagens e o público concreto e atual, convivendo no mesmo espaço e tempo, apesar de as personagens se moverem em espaços e tempos fictícios. Precisamente hoje é importante repetir esse fato tantas vezes destacado. Decorre daí uma atitude diversa da plateia, outra concentração, outra disposição, outra maneira de ver e ouvir. Por mais que o teatro se tenha distanciado de suas origens rituais, o seu público conserva algo da sua qualidade primitiva de *participante*. A sua presença ativa, de certo modo criadora, distingue-se da passividade conformista do público manipulado pela indústria e contribui para a qualidade da execução teatral.

Esta peculiaridade fundamental do teatro, já em si motivo de atrito e diferenciação, tem sido modernamente aproveitada para acentuar aquilo que, no fundo, lhe é essencial: a direção pronunciada e explícita para o público. De certo modo, nunca houve homens de teatro mais tradicionalistas do que Brecht, Claudel ou Suassuna. Inspiram-se eles, de fato, nas próprias fontes do teatro. O palco de ilusão, como que isolado da plateia pela "quarta parede" (à semelhança das imagens da tela ou das vozes do rádio), é na verdade um breve interlúdio na longa história do teatro. Derrubando essa parede, o teatro moderno salienta apenas uma tendência inerente ao teatro. É um teatro que, sem dúvida, quer convencer, provocar, apelar, que insiste no didatismo e que pretende funcionar um pouco como púlpito e cátedra. Mas pelo menos põe as cartas na mesa, declara-se, com franqueza, político, moralista, sociológico, religioso. E é por isso bem mais sincero do que o entretenimento industrial (enquanto baixo e corriqueiro) que, além de possuir um poder incomparavelmente superior para manipular consciências, o faz de modo mascarado e clandestino. Aquilo que se chamou de "afastamento" – recurso usado com mais consciência somente por Brecht, mas também por Paul Claudel, Thorton Wilder etc. –, decorre da confrontação entre o mundo fictício das personagens representadas e a comunicação direta entre as pessoas que representam no palco e as pessoas que apreciam na plateia. Não existe nada mais teatral do que isso. Graças a esse jogo entre diversos modos ontológicos, o público conserva ampla liberdade, visto oscilar entre a identificação emocional com o mundo fictício e a atitude crítica de quem recebe o apelo de uma esfera do ser próxima da própria pessoa. Semelhante teatro não tende a "iludir" porque coloca a ficção entre aspas. A indústria tem um poder muito maior de "iludir", de ser "quietivo"[4] da vontade e de "entorpecer". Além de lhe ser vedado o jogo teatral entre ficção e realidade (a imagem, mesmo numa transmissão televisionada de um jogo de futebol, é sempre imagem e, em certa medida, "imaginação" selecionadora), tende a revestir a ficção de uma aparência extrema de realidade, assim como, por outro lado, tem certo pendor para transformar a própria realidade em ficção (são típicos, neste sentido, os documentários ecológicos de Walt Disney ou o noticiário do *Times Magazin*, transformado em composição de *stories*).

O sr. João Bethencourt, ao considerar ser a linguagem cinematográfica mais do nosso tempo do que a do teatro, exprimiu uma das dúvidas mais fundamentais dentre todas as demais que manifestou. A imagem parece ser a língua da nossa época; tornada móvel, ela parece apreender, de um modo insuperável, os problemas mais entranhadamente nossos e do nosso tempo; de um lado, através do *flash-back* e da câmera subjetiva pode penetrar a fundo na intimidade do subconsciente e da matéria; por outro lado, um simples *travelling* ou uma boa montagem de alguns planos, apanhando os desfiladeiros e crateras de uma metrópole moderna, ou focalizando massas de operários saindo de uma fábrica, ou, em geral, o universo mudo dos objetos,

---

4. Termo cunhado por Schopenhauer, que chamou o conhecimento filosófico, por analogia e antítese com motivo, porquanto ele leva à negação da vontade de viver, ao ascetismo: essa negação "ocorre depois que o conhecimento total do ser tornou-se Quietivo do querer". Cf. Nicola Abbagnano, Quietivo, *Dicionário de Filosofia*, 5. ed., São Paulo: Martins Fontes, 2007.

consegue transmitir com força maior do que milhares de palavras a impressão de um gigantesco mundo anônimo que aniquila o indivíduo.

São de fato, sobretudo, esses dois fenômenos – a devassa da intimidade inacessível ao diálogo racional e a pressão do mundo anônimo, não assimilável pelo diálogo interindividual – que impuseram as profundas transformações estilísticas do teatro moderno. A nova temática fez surgir novas formas teatrais ou suscitou a renovação de formas antigas. De certo modo, o teatro antecipou-se ao próprio cinema no esforço de integrar na cena a visão atual do mundo e do homem. Data de Strindberg o palco tornado em "espaço interno" de uma consciência. Resultados dessa revolução são peças como *Vestido de Noiva*, de Nelson Rodrigues, e ainda agora, *Depois da Queda*, de Arthur Miller, na magnífica encenação do Teatro Maria Della Costa. De outra parte, o teatro mais de perto épico – quer o de Brecht, quer o de Wilder, o de Claudel etc. –, nada mais é do que uma tentativa de tornar acessível ao palco um mundo mais vasto – mundo de forças que ultrapassam o diálogo interindividual. Se a palavra narrativa, neste ponto, não se equipara ao poder da imagem, cabe-lhe a vantagem da maior racionalidade, devendo-se acentuar que, segundo muitos, a preponderância crescente da "informação visual", no mundo de hoje, parece ter graves consequências de primitivização mental, já que o desenvolvimento intelectual liga-se intimamente à riqueza do acervo vocabular e à capacidade de formulação verbal.

De resto, nada impede o teatro de usar, com a devida cautela – como tem sido feito com frequência –, a projeção cinematográfica para ampliar o seu mundo. Afinal, não adotou o cinema o diálogo dramático do teatro para se tornar mais explícito e racional? Quanta coisa o cinema "roubou" do teatro! Não é *Fellini 8.1/2* – fita sobre a dificuldade de produzir determinada fita –, de certo modo, uma transposição de *Seis Personagens*, de Pirandello, uma peça sobre a dificuldade de se criar determinada peça? Atualmente, o cinema procura desesperadamente romper o privilégio teatral da direção direta ao público. Neste sentido, a cusparada final de *Seara Vermelha* é, sem dúvida, um dos exemplos mais drásticos. Todos se sentem atingidos. No entanto, o recurso é teatral. A tela como que detém o gesto violento da imagem. Ele nos atinge, mas é como se pressupusesse a presença do palco vivo. Exprime por si mesmo o ressentimento de uma arte que tenta vencer a mediação industrial de que ela depende; de uma arte-indústria que anseia por uma comunicação mais imediata a fim de provocar o público para sair da passividade imposta pelo processo industrial.

7. O TEATRO ENGAJADO[1]

Eric Bentley, crítico de teatro inglês, autor de vasta obra, regente da cadeira de Literatura Dramática na Universidade de Columbia, Nova York, é considerado uma das maiores autoridades no campo da arte cênica. Suas concepções se distinguem, em geral, pelo equilíbrio e bom senso.

O Teatro Engajado é composto de uma série de ensaios, dos quais a maioria aborda problemas gerais do teatro, sem relação com o tema sugerido pelo título do livro. Somente dois, entre os sete ensaios, ocupam-se com o problema do engajamento: um que deu título ao livro (p. 150 a 178) e outro, "Os Prós e Contras do Teatro Político" (p. 100 a 128). Em ambos, Bentley discute amplamente o significado do conceito "engajamento" aplicado ao teatro, procurando mostrar que não há, no fundo, teatro que seja simplesmente

---

1. Manuscrito sobre o livro de Eric Bentley, *O Teatro Engajado* (Rio de Janeiro: Zahar, 1969).

desengajado. No máximo, um autor pode estar engajado no não engajamento. Pode-se estar engajado perfeitamente num protesto contra a política (em geral), protesto este que, por sua vez, constitui uma conduta política (p. 153). De um modo geral, entretanto, Bentley se pronuncia em prol de um teatro engajado em favor de teses político-sociais, principalmente na medida em que se manifeste contra a violência, a opressão, o totalitarismo, a guerra, e se mostra capaz de suscitar certa indignação em face de um estado de coisas insatisfatório (neste ponto, manifesta-se de um modo equidistante: critica tanto as falhas do mundo ocidental como as do mundo oriental: "O paradoxal destino de Godot tem sido o de simbolizar a 'espera' dos prisioneiros de Auschwitz; e também os prisioneiros por trás dos muros e arames farpados de Walter Ulbricht."[2])

O Vigário, peça de Hochhuth, é amplamente discutida; e Bentley, sem considerar a peça como de alta qualidade e sem se identificar com os pontos de vista nela expressos (crítica ao comportamento do papa durante a II Guerra Mundial), defende a possibilidade de um engajamento do tipo que nela se manifesta.

De resto, atribui um papel extremamente modesto à arte política, no que se refere à sua eficácia política:

Deus tenha pena de um regime, e Deus tenha pena de uma rebelião que dependam seriamente dos seus artistas! No seu conjunto, eles não são um bando de elementos perigosos, como pensava Platão, mas um bando de elementos inúteis. Um governo brutal poderia, logicamente, mandá-los direto para um campo de trabalhos forçados – conforme, aliás, o atual governo chinês está fazendo, ao que parece.

A atitude cética que se revela neste trecho – embora eivado de ironia – é característico para o clima geral do

2. Walter Ulbricht foi presidente do Partido Comunista Alemão e chefe de Estado da República Democrática Alemã (1960-1971). Os muros e arames farpados do texto referem-se ao Muro de Berlim, de cuja construção Ulbricht foi um dos inspiradores.

livro. A dúvida de Bentley, no que diz respeito ao teatro de propaganda e à sua eficácia, é radical. Ainda assim, considera esse tipo de teatro, enquanto de bom nível estético, perfeitamente válido.

De boa categoria teórica, escrito *understatement* (sem pretensões) e sem nenhum acento demagógico, o livro de Bentley é expressão do seu engajamento, antes de tudo em favor do teatro e, em seguida, em favor de um teatro vivo e atual, ao qual cabe debater os grandes assuntos e ideias que comovem o nosso tempo, quer sejam de ordem política, quer de ordem moral, social ou religiosa. As opiniões de Bentley são as de um "democrata liberal" tipicamente anglo-saxônico[3].

---

3. "Não me parece que o livro contenha qualquer tese, opinião ou parágrafo que possa inspirar dúvidas no tocante à sua divulgação pela CET" (Comissão Estadual de Teatro, da qual o autor foi conselheiro. N. do A. ao final do parecer).

8. RAINHAS DA DEGRADAÇÃO[1]

Além do sentido corriqueiro do termo teatro, existem muitos outros, mais latos. Assim como se fala, hoje, do "palco da guerra" ou "palco político", transformando eventos em espetáculo, costumava-se falar, na época barroca, do "teatro do mundo", no qual os seres humanos desempenhariam os papéis que lhes foram atribuídos pelo diretor divino. Quando os interpretavam bem, sendo bons reis, bons camponeses, bons mendigos, pondo-se de qualquer modo nos seus respectivos lugares, podiam contar com a recompensa celeste.

Curiosamente, a sociologia moderna adotou a visão barroca. Segundo ela, todo cidadão é de certo modo um ator que desempenha vários papéis – como pai, marido, chefe de escritório, membro de um clube etc. O papel, neste sentido, é uma faixa de prescrições de comportamento relacionadas com a expectativa variada de grupos sociais diversos.

1. Manuscrito.

Como as expectativas divergem conforme os grupos, pode surgir um conflito "intrapapel": o professor, por exemplo, se defronta com as expectativas muitas vezes em choque dos estudantes, dos colegas e das autoridades. Como, de outro lado, cada cidadão desempenha vários papéis, podem surgir também conflitos entre os papéis: o delegado, enquanto autoridade, briga consigo enquanto pai, quando lhe ocorre (em tese) ter de prender o filho que encontrou fumando maconha. Como se vê, a neurose decorre muitas vezes dos papéis. A visão teatral da sociologia moderna se assemelha não só à barroca, mas também a concepções da antiguidade. O termo "pessoa" deriva do latim *persona* e do grego *prósopom*, significando face, máscara, papel.

Sob os aspectos teatrais do futebol, poder-se-ia escrever um ensaio extenso. Teatro mais de perto é o espetáculo mundialmente famoso dos desfiles festivos das escolas de samba durante o Carnaval. As danças dos elencos de samba filiam-se a um gênero teatral muito difundido na época renascentista e barroca. Trata-se de teatro não só pelo teor de grande espetáculo, mas também pelo fato de os grupos se subordinarem, de um modo livre, a um "enredo", a uma ideia central refletida nas fantasias, nos cantos, danças e figuras alegóricas dos carros[2].

Uma das formas mais depravadas de teatro encontramos nos concursos de beleza, a serviço da publicidade de grandes empresas internacionais. O teatro reveste-se, aqui, de um sentido ignóbil, de vazio e mentira, já que a comercialização da beleza ultrapassa, no caso, todos os tipos tradicionais de teatro comercial. Lê-se com satisfação que na coroação de "*Miss* Mundo", em Londres, moças pertencentes ao movimento "Libertação da Mulher", levantaram cartazes com dizeres como estes: "Vocês estão vendendo corpos de mulheres" e "*Miss* Mundo é sintoma de uma sociedade doentia". O degradante, no caso, é a exposição

---

2. Trata-se, no caso, de autêntico teatro popular, cuja autenticidade popular talvez seja capaz de sobreviver até às subvenções concedidas para fins de promoção turística. (N. do A.)

de mulheres passivas, transformadas em meros objetos, reduzidas apenas a corpo feminino: mulheres a quem, talvez, até abram a boca para verificar o estado da dentadura. Só falta serem conduzidas por correntes fixadas no nariz mediante argolas. Surpreende que moças inteligentes, que se supõem provavelmente muito "emancipadas", se sujeitem ao *papel* humilhante (no sentido sociológico) de corpo e coisa – papel que não desempenham criticamente, mas ao qual se entregam, por assim dizer, de corpo e alma.

Não vai nessa crítica nenhum puritanismo, nenhum desprezo pela beleza do corpo humano. O corpo, porém, somente se torna humano quando não é apenas corpo, sujeito a cálculos aritméticos das proporções. Comparado com isso, o *striptease*, embora fira igualmente a dignidade humana, chega a ser quase um espetáculo nobre, visto exigir, pelo menos nos melhores exemplos, certa atividade artística, isto é, certo desempenho criativo, certa atuação e mesmo interpretação.

Segunda Parte:

TEATRO DO ABSURDO

1. O BOCEJO DE TCHÉKHOV[1]

Recusando uma das peças de Tchékhov (1860-1904), o Comitê dos Teatros Imperiais da Rússia czarista lhe dirigiu a crítica de se tratar de uma "narração dramática", de uma "sequência de cenas isoladas", mas não de um drama. Depois de realçar mais uma vez o caráter narrativo da peça, o comitê censurou em particular o seu "cotidiano anticênico" e o acúmulo de "detalhes inúteis". A crítica é, em certa medida, correta. Entretanto, essas mesmas peculiaridades, por mais justo que seja apontá-las como deficiências ao tomar-se por base a dramaturgia tradicional, representam precisamente a contribuição positiva de Tchékhov quando encaradas pelo ângulo da dramaturgia moderna.

Nas peças do jovem Gerhart Hauptmann – autor que Tchékhov preferiu ao próprio Ibsen, que lhe parecia demasiado artificial –, o problema fundamental é o de

---

1. Suplemento Literário de *O Estado de S. Paulo*, 26.11.1960.

desencadear acontecimentos dramáticos num ambiente de estagnação e modorra, típico das intenções naturalistas. Qualquer impulso partindo de personagens sufocadas pelo ambiente imóvel teria falsificado uma situação, cuja essência é a própria passividade. Hauptmann, como antes já Ibsen, procura solucionar o problema pela introdução de personagens que, vindas de fora, precipitam os acontecimentos dramáticos. Afinal, drama significa ação. Tchékhov, em vez de dar a tais dificuldades dramatúrgicas uma solução semelhante (a não ser em um ou outro caso), faz desse problema formal o próprio tema das suas peças: o "drama" passa a consistir precisamente na falta de acontecimentos. Com isso, Tchékhov levou o naturalismo até as suas últimas consequências e à sua autossuperação, num impressionismo em que todos os contornos se esgarçam na riqueza das nuanças. Na vida, disse, a gente come, bebe, faz a corte, diz asneiras. É isso que se deve ver no palco. Destarte, pretende escrever uma peça em que as personagens "chegam, vão embora, almoçam, falam da chuva e do bom tempo, jogam baralho – e tudo isso não pela vontade do autor, mas porque é assim que isso se passa na vida verdadeira". É a famosa "fatia" recortada do pão de cada dia. Mas há, naturalmente, rigorosa seleção artística: não se trata somente de um cotidiano excepcionalmente cotidiano, de um festival do cotidiano, por assim dizer, mas, antes de tudo, da crise do cotidiano provincial, do reflexo sutil da monotonia na vida psíquica de personagens igualmente selecionadas.

É, portanto, precisamente na inação – não na ação – que consiste o "drama" dos protagonistas tchekhovianos, heróis negativos, anti-heróis de que logo – de Franz Kafka a Samuel Beckett – se encherá a literatura narrativa e teatral. É lógico que em tais peças paradas – aliás, de ampla tradição na literatura russa – não pode haver "curva dramática", com peripécia, clímax, catástrofe etc. Muito menos podem surgir nesse mundo os grandes conflitos que suscitam o trágico. Tal ausência decorre do próprio cotidiano. Este pode ser triste mas não trágico. Porém, a crise do cotidiano resulta, por sua vez, da falta de uma "ideia central" capaz de inspirar e dar continuidade à vida das personagens, como já verifica o "herói" da *Estória Fatídica* (um dos melhores contos de Tchékhov). Em tal situação, a vida forçosamente se desfaz em manchas e matizes sem contornos nítidos. Enfim, não pode haver conflitos profundos porque falta a fé – qualquer fé – que possa ser mola da ação. A falta de fé, por sua vez, liga-se ao fato de a *intelligenzia*, nesse mundo da província russa dos fins do século XIX, já não vislumbrar nenhum sentido universal capaz de levar ao empenho. Mesmo os numerosos portadores da fé no progresso social apresentam essa ideia apenas como utopia, falando incessantemente desse sonho, mas sem jamais atuarem em prol da sua realização. Por mais paradoxal que pareça, a difusa tristeza dessas "comédias líricas" – tantas vezes negadas pelo próprio autor – decorre da impossibilidade do trágico nesse ambiente. O homem já não se confronta com nenhuma tarefa significativa e muito menos com qualquer transcendência. Nenhum raio celeste o fulmina, nenhum demônio o despedaça – a não ser o tédio, segundo Schopenhauer (tantas vezes citado pelas personagens) "o permanente demônio doméstico dos medíocres". Mas esse demônio não atua por via de intervenções fulminantes. As personagens de Tchékhov decaem, decompõem-se lentamente; no fundo, vale para todas elas, ressalte-se o que Chabelski (em *Ivanov*) diz de Borkin: elas encerram em si "toda a decomposição do presente". Definhando pouco a pouco, veem desfazer-se todos os ideais e aspirações. Aliás, em geral já ultrapassaram a fase das ilusões da sua *éducation sentimentale* e entraram na fase do pleno desalento. Envolve-as a apatia e inércia do famoso "oblomovismo" (descrito no romance de Gontcharov)[2]. Vivem entregues àquela melancolia que Søren Kierkegaard chamou a mãe de todos os pecados – o pecado de *não querer profunda e autenticamente*. Esse pecado ou

---

2. Oblomovismo: enfado universal infinito; preguiça filosófica. Termo russo que surgiu através do romance *Oblomov*, de Ivan Aleksandrovitch Gontcharov (1812-1891), publicado em 1860.

doença – "geralmente difundido em nosso tempo" – identifica-se com o tédio, a "raiz de todos os males", resultante do Nada que penetra a existência; "sua vertigem se compara àquela que se manifesta quando fitamos um abismo sem fundo". Schopenhauer já dissera antes o mesmo: "faltando objetivos e aspirações, ficamos relegados à própria nudez da existência e esta se revela no seu absoluto Nada e vácuo".

Evidentemente, pode-se trabalhar para dar sentido ao tempo e à existência. Porém, diz um dos protagonistas de Tchékhov, "nós descendemos de gente que despreza o trabalho"; referência a uma sociedade semifeudal e ociosa, apoiada durante larga fase no trabalho dos servos. Sem dúvida, não faltam personagens que trabalham arduamente e exaltam com fervor os benefícios (futuros) do trabalho. No fundo, porém, não acreditam no sentido desse trabalho, nas circunstâncias então vigentes. Daí a imensa fadiga que aquele lhes causa. Essa ausência de sentido não é somente o tema constante das conversas; ela se manifesta também naqueles frequentes "não importa", "pouco me importo", "tanto faz", "é tudo a mesma coisa", que demonstram a ausência de valores significativos capazes de estimular o "querer profundo e autêntico". Não admira que o "próprio ar se torne rígido de melancolia" e as pessoas sejam tão enfadonhas que, ao vê-las, "as moscas morrem e as lâmpadas começam a fumegar". Um imenso bocejo atravessa as peças de Tchékhov, manifestação fisiológica do vácuo absoluto. Isso não impede que o tédio (das personagens) seja interessante (para os espectadores), porém a análise dos recursos usados para que o enfado se torne entretenimento não cabe nesse contexto.

A doença do "indivíduo supérfluo", analisada por Kierkegaard e dramatizada por Tchékhov, foi de fato um fenômeno europeu e iria ser, ainda no século xx, um dos temas fundamentais de *A Montanha Mágica* (Thomas Mann). O indivíduo, lemos aí, talvez esteja imbuído de objetivos e aspirações, dos quais haure o impulso para elevados esforços. Porém, quando a atmosfera impessoal em torno dele carece de esperanças e perspectivas e opõe, à procura de um sentido sobrepessoal e absoluto, apenas um silêncio vazio, torna-se inevitável a paralisia da alma.

Apresentar personagens inertes, imersas no deserto do tédio, personagens que vivem no passado saudoso ou no futuro sonhado, mas nunca na atualidade do presente ("para viver realmente no presente, temos de expiar antes o nosso passado", diz Trofimov em *O Cerejal*), talvez seja o tema mais épico e menos dramático que existe. O drama tradicional instaura seu tempo tenso através de transformações suscitadas pela dialética do diálogo, este por sua vez expressão da ação inter-humana. Cada sentença é prenhe de futuro que, tornado presente, é germe de novo futuro, através do jogo das réplicas e tréplicas. O que se nota são as transformações, não o decurso do tempo condicionado por elas. Todavia, quando não há transformações, mas apenas a monotonia cinzenta do tédio, é o próprio tempo vazio que passa a ser focalizado e, nesse mesmo momento, o tempo se coagula. Para representar esse tempo feito tema, Tchékhov tinha que modificar o diálogo, dando-lhe uma função diversa. Ele já não é instrumento de comunicação antitética e expressão da atuação inter-humana suscitando transformações. Passa a ter, ao contrário, função amplamente expressiva, ou seja, lírica (o que representa, na estrutura dramática, função retardante, épica). Debaixo da troca superficial de comunicações revelam-se os movimentos psíquicos, aquela "corrente submarina" de que fala Stanislávski. O diálogo é eivado de entrelinhas expressivas e passa a compor-se, em larga medida, de monólogos paralelos. Dessa forma, o tédio, o lento decurso do tempo, não são apenas representados por recursos óbvios – o constante bocejar, a sonolência e o torpor das personagens, o demorado esquentar do samovar, a longa espera do chá e seu lento esfriar, os relógios etc. O próprio diálogo participa no retardamento do tempo. Em vez de produzir transformações pela dialética comunicativa, isola as personagens, exprimindo a sua paralisação, já por si evidente em seres que não vivem em interação atual, mas que se escondem na "concha" das suas vivências subjetivas, ligadas ao passado relembrado ou ao futuro utópico (a expressão "concha" é do próprio autor no conto "O Homem no Estojo"). Nada mais característico a esse respeito do que o "diálogo" entre Andrei e Ferapont, o contínuo surdo (*Três Irmãs*). Com efeito, Andrei só fala porque o outro não o entende: "Acho que não lhe diria nada se você ouvisse bem".

Outro recurso é o esvaziamento do diálogo (antecipando Ionesco e Beckett), o seu esgotar-se em rodeios, "conversa mole" e "detalhes inúteis", o seu girar em círculo, ondular chocho e difuso de repetição a repetição. Aí enquadram-se também os longos e numerosos silêncios, caprichosamente acentuados por Stanislávski nas suas famosas encenações. Além de darem ressonância ao "murmúrio das almas", abrem um hiato ao bocejo quase audível do tempo oco e da eternidade sem conteúdo. Através desses silêncios penetra a paisagem sonora dos rumores longínquos – o grito dos pássaros, o coro dos grilos e rãs, o apito de um trem distante – e o enorme espaço do país, sugerindo o ritmo das estações; dá realce pungente ao lento gotejar do tempo das personagens tchekhovianas: tempo vagaroso e enfadonho no decurso atual, mas que, sendo estéril e vazio, apenas repetição sem mudança, não é duração, inexiste e não deixa vestígio na memória; tempo lento, porém brevíssimo quando recordado, tempo futilmente gasto no tédio daquela sociedade decadente.

A apresentação dessa doença é por si só a mais terrível crítica a uma época e sociedade que se possa imaginar. Tchékhov não dispunha de nenhum consolo metafísico com que pudesse ter amenizado a sombria imagem do mundo retratado. Médico materialista, teria julgado desonesta qualquer sugestão nesse sentido: "Fora da matéria não há experimento, ciência [...] verdade". E contra Tolstói: "na eletricidade e no vapor reside mais amor ao homem do que na castidade e no vegetarianismo". A ideia de uma futura vida feliz, repleta de trabalho, beleza e progresso, ideia exaltada por tantas das suas personagens, foi sem dúvida o seu mais caro sonho. Isso talvez justifique as grandes homenagens que, no início do ano de 1960, lhe foram prestadas na Rússia por ocasião do centenário do seu nascimento; e explica até certo ponto a nova versão otimista que já o próprio Nemirovitch-Dantchenko imprimiu a essas "comédias líricas", acentuando trechos como os de Tusenbach (*Três Irmãs*, estreia em 1901): "Como compreendo a nostalgia do trabalho! […]. Vou meter mãos à obra e daqui a vinte e cinco ou trinta anos todos trabalharão! Todos!"

Porém, quem poderá ignorar o ceticismo de Tchékhov, as suas profundas contradições e o fato de que passou toda sua vida à procura de uma "ideia central"? Essa descrença tinge de certa ironia terna a própria exaltação do trabalho e da futura vida feliz. "Nós", escreve numa carta, referindo-se à geração a que pertence, "nós não temos objetivos, quer próximos, quer distantes, e a nossa alma é vazia, completamente vazia".

2. EUGÈNE IONESCO[1]

Entre os representantes do vanguardismo dramatúrgico francês – Beckett, Jacques Audiberti, Marcel Marceau, Arthur Adamov, Georges Schéhade (quase todos de origem não francesa) –, o nome atualmente mais em foco é, sem dúvida, o de Eugène Ionesco, o homem que, no dizer de Kenneth Tynan, sabe comunicar como ninguém aos seus contemporâneos a verdade essencial de que nenhuma verdade essencial pode ser comunicada. Romeno de nascimento, passou boa parte da sua juventude em Paris, sendo enviado em 1938 novamente à capital francesa para ali, dono de uma bolsa de estudos, concluir um trabalho sobre *O Motivo da Morte na Lírica* — trabalho que, aliás, nunca apareceu.

O enorme êxito de Ionesco, também fora da França, ressalta do fato de que sua última peça, *Tueur sans gages* (*Matador Sem Paga*), haja sido apresentada, recentemente,

---

1. Suplemento Literário de *O Estado de S. Paulo*, 21.6.1958.

em estreia mundial, na cidade alemã de Darmstadt, sob a direção de G.R. Sellner. Somente depois a peça deverá ser apresentada ao público francês, ao que se diz por Jean Louis Barrault. Outras peças vêm sendo apresentadas na Hungria, Polônia, Iugoslávia, Inglaterra e na Suíça, onde, aliás, saiu também um livro, *Das Abenteuer Ionesco* (A Aventura Ionesco), de H.R. Stauffacher.

Recentemente, apareceu uma entrevista na *Neue Zurcher Zeitung* (Suíça), cujo autor, Carl Seelig, encontrou Ionesco em Zurique. Homem de 46 anos, de estatura média, muito calado, Ionesco só se aquece ao falar sobre teatro. Confessa que os autores que lhe deixaram impressão mais profunda são Ésquilo, Sófocles, Shakespeare, Heinrich von Kleist e Georg Büchner. Quase todos os outros autores decepcionaram-no. Schiller: como é enfadonho! Molière: um autor antiquado, com problemas de segunda ordem. Corneille: bom para adormecer! Marivaux: brinca em demasia. Strindberg: sem metafísica e sem habilidade. Cocteau e Giraudoux: por demais artísticos e sofisticados, suas sutilezas literárias murcharão logo. Brecht: poderia ser nazista da mesma forma como se tornou comunista (em 1956, entrevistado por *Nouvelles Littéraires*, falou dos "brechtólogos teológicos"!). Pirandello: por demais teórico, mas ao menos possui instinto dramático e uma linguagem adequada ao teatro.

O teatro, segundo Ionesco, não deve transmitir concepções do mundo, nem problemas políticos ou psicanalíticos.

No que se refere a mim, lancei ao mar a tradição teatral burguesa. Procuro voltar às origens espirituais. Esforço-me por tornar impossível a existência *cliché*, fazendo uso precisamente do *cliché* e da banalidade cotidiana que me servem de recursos artísticos. Faço a paródia disso tudo, levando o trágico e o cômico até às últimas consequências, ao ponto de eles se tocarem e se confundirem. Faço-o à semelhança de Chaplin, a quem muito admiro. O burlesco, a palhaçada, encanta-me. Para captar esse encanto, emprego recursos linguísticos simples, reconduzindo a língua às suas raízes. São as coisas elementares que me incitam a falar e que são a fonte de minhas farsas trágicas, de meus dramas cômicos e de meus pseudodramas.

O Acadêmico do Absurdo[2]

Há muitos que não afinam com as posições pessimistas de Ionesco e, ainda menos, com a sua tendência de considerar as desgraças humanas como sendo metafísicas (isto é, eternas), em vez de apenas históricas: por isso as investidas furiosas de Ionesco contra Brecht. Porém, mesmo aqueles que pouco apreço têm por suas ideias fundamentais não podem deixar de lhe reconhecer o excepcional vigor dramatúrgico, a grande imaginação cênica e a audácia renovadora com que, em várias das suas farsas e antipeças, nos apresenta a sua imagem grotesca, trágica e terrivelmente hilariante do homem e do mundo. A sua presença no Brasil (1970), a segunda aliás[3], com a encenação concomitante de diversas obras suas no Rio, em São Paulo, Porto Alegre e Brasília, pelo elenco francês de Jacques Mauclaire, encontra por isso, e deverá encontrar ainda, a merecida repercussão entre os aficionados do teatro.

Com o representante do Teatro de Vanguarda, o Brasil recebe, ao mesmo tempo, um membro recente da Academia Francesa. Não pode haver coisa mais absurda do que imaginar o autor antiacadêmico de *A Cantora Careca* como um digno acadêmico. O fato é tão absurdo que acaba combinando com o expoente do Teatro do Absurdo, embora, indo um passo adiante na lógica do absurdo, talvez combine demais para quem, como ele, se revolta contra a lógica e contra tudo que combina. "A Academia Francesa é composta de pessoas bem-educadas e sábias" – com esta frase dita por ele numa entrevista no Rio, Ionesco parece imitar, não sem humor, os clichês vazios, incessantemente repetidos por várias de suas personagens caricatas. Deve-se

2. *Folha da Noite*, 9.6.1970. (Título original: Ionesco no Brasil.)
3. A primeira visita deu-se em 1960.

esperar que, como imortal, não sinta mais o pavor da morte, tantas vezes confessado por ele e tantas vezes expresso em suas obras. A ele, que sem dúvida é uma das personalidades mais fascinantes do teatro contemporâneo, não se aplica a palavra de Heinrich Heine acerca dos imortais: "Vi a Morgue em Paris e vi também a Academia Francesa, onde há igualmente muitos cadáveres desconhecidos".

3. O SENTIDO E A MÁSCARA[1]

Gerd A. Bornheim, professor do Curso de Arte Dramática da Faculdade, reuniu neste volume oito estudos sobre problemas de teatro, abordando o teatro contemporâneo, o teatro de vanguarda, Ionesco, o expressionismo, o trágico, Kleist, Goethe e Brecht.

Discutindo o teatro contemporâneo, Bornheim ressalta como tendências marcantes a superação dos limites do realismo e do "ilusionismo" cênico, o "declínio do herói", a reteatralização do teatro, a crise da primazia do texto, a preponderância do diretor, o antiaristotelismo etc. – tendências que se afiguram interligadas.

---

1. Suplemento Literário de *O Estado de S. Paulo*, 30.7.1966, sobre o trabalho de Gerd A. Bornheim: *O Sentido e a Máscara* (Porto Alegre: URGS, 1965, republicado pela Perspectiva a partir de 1969). A segunda parte, que denominamos "Problemas e Tendências Teatrais", provém de um manuscrito sem título sobre a nova edição da mesma obra pela Perspectiva.

Beckett e Ionesco são, nesse ponto, mais radicais do que Brecht, visto não acreditarem mais, como Aristóteles e ainda o próprio Brecht, numa estrutura organizada da realidade. Para este último, só a nossa sociedade é absurda, ao passo que, para aqueles, o universo todo é absurdo. Brecht visa um novo humanismo, ao passo que os representantes do Teatro do Absurdo são niilistas, de modo que revelam uma experiência antiaristotélica bem mais profunda do que a do dramaturgo alemão, embora talvez menos justificada. Segundo Bornheim, o panorama do teatro contemporâneo é de uma riqueza imensa, porém é precisamente essa pujança e plenitude que tornam a realidade cênica complexa, precária e caótica. A própria unidade do fenômeno teatral está em crise e, com isso, a razão de ser do teatro. Daí a sua função tornar-se problemática, ao ponto de cada dramaturgo ter que tomar decisões pessoais a respeito. Todavia, essa crise do teatro é apenas um aspecto parcial da crise geral da nossa cultura.

Em "Compreensão do Teatro de Vanguarda", além de tentar definir o significado fundamental do termo, Bornheim segue as linhas históricas que conduzem de Alfred Jarry e da "Patafísica" a Ionesco etc., estabelecendo, por outro lado, parentescos mais remotos com os dramaturgos alemães Ludwig Tieck e Christian Dietrich Grabbe e com o movimento pré-romântico *Sturm und Drang*. Sumamente sedutor e sugestivo é o esboço da raiz filosófica. O princípio de tudo seria o subjetivismo da metafísica moderna, desde Descartes, devendo ser destacada a concepção da "imaginação produtora" de Johann Gottlieb Fichte. Jarry e Ionesco comportam-se como se fossem "pequenos absolutos" dotados de um saber demiúrgico que não conhece limites. Não resta dúvida de que essa "vertigem autista" assemelha-se a certas tendências românticas influenciadas por uma interpretação precária de Fichte. Segundo Bornheim, os românticos, contudo, ao destruírem a ordem da realidade empírica visariam construir uma nova ordem, ao passo que a vanguarda dramática seria francamente niilista. Vale mencionar que o autor, em outra parte, refere-se ao afloramento do niilismo já entre os próprios românticos.

E talvez se possa acrescentar que um filósofo tão romântico como Schopenhauer – afinal o primeiro a formular explicitamente o niilismo em termos filosóficos – exerceu profunda influência sobre Brecht, coisa em geral pouco comentada.

Merece destaque particular o ensaio sobre "Sentido e Evolução do Trágico", que revela influxo hegeliano. Ligando a análise do fenômeno à da tragédia, ao nosso ver talvez demasiadamente (visto o fenômeno se configurar também na literatura narrativa, em outras artes e na própria vida), Bornheim realiza uma indagação profunda, na qual ressalta a interpretação audaz e original de Aristóteles. Declarando que não basta, para estabelecer a essência do trágico, apoiar-se apenas na teoria do herói trágico – certamente, um dos supostos fundamentais –, o autor procura demonstrar que o outro suposto, não menos importante, é constituído pela ordem ou pelo sentido que forma o horizonte existencial do homem, isto é, pelo universo, os deuses, a justiça, os bens e outros valores morais. Só a partir desses dois polos se torna possível o conflito trágico. Bem de acordo com Aristóteles; não é, portanto, o caráter que determinaria o trágico e sim a ação que pressupõe aquela polaridade homem-mundo. Daí a tensão que se descarrega no conflito. O fim feliz não é incompatível com a tragédia (como mostra a dramaturgia grega). O que importa é a reconciliação dos dois polos ou a suspensão do conflito, sendo evidente que este restabelecimento do equilíbrio se verifica frequentemente pela eliminação ou morte do herói trágico.

Bornheim estuda agudamente a *hamartia*, o erro, a falta trágica – a desmedida (*hybris*) que perturba a "medida" e a "justiça" universais (Heráclito, Anaximandro), a "aparência de ser" da multiplicidade individuada que se superpõe à unidade de todas as coisas (*physis*): aí está o princípio do *pseudos*, do erro, gerador da culpa e da injustiça.

Nesse sentido,

o conflito trágico deriva de um não estar [...] completamente na justiça: o homem como que vive entre a justiça e a injustiça, entre o ser e a aparência. E a evolução do trágico consiste na descoberta da aparência e na conquista consequente do ser [...] O homem é um ser "híbrido", no sentido de que pode perder de vista a sua medida real, transcendente, e emaranhar-se na aparência ou desmedida, confinando-se na sua própria imanência [...] Toda tragédia pergunta se o homem encontra sua medida em sua particularidade ou se ela reside em algo que o transcende: e a tragédia pergunta para fazer ver que a segunda hipótese é a verdadeira. O não reconhecimento dessa medida do homem acarreta, pois, o trágico.

Não é possível desenvolver o pensamento de Bornheim ao indagar das épocas em que o trágico e a tragédia tendem a se manifestar, nem a sua análise da situação atual. Tampouco é possível verificar, em espaço reduzido, se essa teoria um pouco rígida é aplicável às variações da tragédia através do tempo, e mesmo somente à tragédia grega. Seja como for, em tal tipo de estudo importa mais a fertilidade do pensamento, a riqueza de sugestões, do que propriamente a verificabilidade meticulosa.

O sr. Borheim é um ensaísta lúcido e erudito. Distingue-se, em particular, pelo fato de reunir elevada competência especializada no campo teatral e notável informação e penetração filosóficas. Lamenta-se – como quase sempre no caso dos lançamentos promovidos por entidades oficiais – que um grande trabalho, visível no esmero da edição, resulte um tanto frustrado devido à distribuição precária. O livro em foco parece ter saído clandestinamente. É inacessível aos círculos cada vez mais amplos que procuram aprofundar os seus conhecimentos sobre o teatro.

Problemas e Tendências Teatrais

O professor de Filosofia e do curso de Arte Dramática na Universidade do Rio Grande do Sul (Porto Alegre) reúne, no oitavo volume, da conhecida coleção Debates, uma série de estudos dedicados a problemas e tendências teatrais. Aborda sobretudo questões do teatro contemporâneo, cujas características fundamentais são analisadas no ensaio mais extenso do volume. Num trabalho especial estuda o Teatro de Vanguarda que se definiria, antes de tudo, "pelo protesto contra as convenções, pela não-aceitação da máquina do mundo tal como foi construída pelo homem e tal como ela constrói o homem". Dois trabalhos esboçam o perfil de Ionesco, um dos maiores representantes do Teatro do Absurdo. O estilo expressionista e autores como Goethe, Kleist e Brecht são focalizados em outros ensaios. Num dos mais importantes trabalhos do livro o autor analisa o sentido e a evolução do trágico, conceito que encontrou a sua encarnação estética mais perfeita na tragédia.

Debatendo problemas de teatro contemporâneo, Bornheim salienta, como traços marcantes do mesmo, a superação dos limites do realismo e do "ilusionismo" cênico, o "declínio do herói", a reteatralização do teatro, o menor destaque dado ao texto em favor do trabalho criativo do diretor e o antiaristotelismo (atribuem-se a Aristóteles as regras fundamentais que durante mais de dois mil anos determinaram as convenções do teatro tradicional). Embora tenha sido Brecht quem com mais vigor procurou, através de seus escritos teóricos, superar os princípios aristotélicos, é com razão que Bornheim considera o antiaristotelismo de Beckett e Ionesco, na prática, bem mais radical que aquele de Brecht. Para este, apenas a nossa sociedade é absurda, ao passo que para aqueles o próprio universo é absurdo – ideia inconcebível para o pensador grego. Com isso, revelam um radicalismo muito mais acentuado do que o do dramaturgo alemão. Este defende em última análise posições humanistas, contrárias ao niilismo de Beckett e Ionesco. É evidente que a visão niilista de modo algum se coaduna com o universo organizado, hierarquizado, racional e translúcido de Aristóteles. A divergência nas posições filosóficas fundamentais forçosamente se manifesta na estrutura dramática (nas concepções de unidade, fábula, ação, enredo, desfecho etc.).

Em "Compreensão do Teatro de Vanguarda", depois de tentar definir o significado geral do termo, segundo os conceitos acima citados, o autor esboça as linhas históricas que ligam os vanguardeiros do teatro contemporâneo ao *Ubu Rei*, de Jarry (1896) e a sua "patafísica", sugerindo, além disso, parentescos mais remotos com dramaturgos como Tieck e Grabbe e com o pré-romantismo alemão. A indagação acerca das raízes filosóficas do Teatro do Absurdo leva-o à sedutora tentativa de ligá-lo ao subjetivismo da metafísica moderna, a partir de Descartes, devendo ser ressaltada a concepção da "imaginação produtora" de Fichte. Com efeito, os vanguardeiros comportam-se como se fossem "egos" absolutos, dotados de um poder demiúrgico ilimitado. Essa "vertigem autista" certamente tem uma de suas origens no pensamento romântico. Entretanto, os românticos, ao desfazerem a ordem da realidade empírica teriam visado, segundo Bornheim, a construir uma nova ordem, bem ao contrário da vanguarda dramática atual que seria francamente niilista. Deve-se acentuar, todavia, que o próprio autor, em outro estudo do livro ("Kleist e a Condição Romântica"), se refere ao afloramento do niilismo entre os próprios românticos (aos quais, aliás, se deve atribuir, provavelmente, o primeiro uso do termo). Não é fora de propósito acrescentar que um filósofo romântico, Schopenhauer, foi o primeiro a formular explicitamente o niilismo em termos filosóficos. E segundo tudo indica, o pensamento de Schopenhauer exerceu incisiva influência sobre Beckett.

Excelente o pequeno ensaio sobre o Expressionismo, corrente artística que, segundo Gerd Bornheim, se distingue pela rebelião radical não contra este ou aquele movimento anterior, mas contra todo o passado e a totalidade dos padrões e valores do Ocidente. O subjetivismo do movimento é bem definido pelo seu caráter impessoal e anônimo; é um subjetivismo "sem rosto", resultando em confissão que é de "ninguém". Esse teor impessoal, certamente derivado, pelo menos em parte, de Freud, encontra um paralelo particularmente expressivo no conceito do inconsciente coletivo, de Jung. O "grito" expressionista, não sendo de ninguém, é de todos.

Particularmente meritório é o estudo sobre Heinrich von Kleist, autor quase desconhecido entre nós, não obstante ter sido ultimamente redescoberto e revalorizado na França, em termos de entusiasmo e admiração. Embora em geral seja quase indispensável a mediação da França para que, também no Brasil, os intelectuais tomem conhecimento de um fenômeno europeu, o trabalho de Bornheim talvez contribua para suscitar interesse pelo maior trágico da dramaturgia alemã.

Um dos ensaios mais importantes do livro é, sem dúvida, o dedicado ao fenômeno do trágico. A partir dele se percebe a unidade profunda do livro, uma vez que o trágico se relaciona, na sua vigência histórica, com a fé num mundo de valores absolutos. O niilismo e a concepção de um universo absurdo não permitem a criação da tragédia. Boa parte dos outros ensaios se enriquece nas suas perspectivas à base desse estudo central.

Gerd A. Bornheim apresenta uma análise do conceito do trágico partindo talvez em demasia da tragédia, já que o conceito ultrapassa qualquer gênero ou forma artísticos. O conflito trágico se configura, segundo o autor, através da polaridade homem-mundo, isto é, do herói trágico em choque com um universo constituído "pela ordem ou pelo sentido que forma o horizonte existencial do homem" – pelos deuses, portanto, pela justiça e por outros valores objetivos. Apenas a partir da subjetividade do homem o trágico se torna inexplicável. Não é, portanto, o caráter do herói que determina o trágico e sim, como já viu Aristóteles, a ação que, como tal, pressupõe aquela polaridade herói-universo. Daí é que provém a tensão que se descarrega na colisão trágica. Apoiado em sólida base filosófica, o autor analisa a "desmedida" (*hybris*, soberbia, injustiça) – erro e falha trágicos – que, perturbando a medida, a ordem e a justiça universais, levam em geral ao naufrágio do herói, entregue à teimosia da sua particularidade e à aparência, em vez de buscar a sua medida na transcendência. "Em última análise, toda tragédia quer saber qual é a medida do homem. Toda tragédia pergunta se o homem encontra a medida em sua particularidade ou se ela reside em algo que o transcende; e a tragédia pergunta para fazer ver que a segunda hipótese é a verdadeira. O não-reconhecimento dessa medida do homem acarreta, pois, o trágico". Pode-se acrescentar que, quando o grande sofista Protágoras disse que o homem é a medida de todas as coisas, ele de fato assestou um golpe mortal ao sentido do trágico. O subjetivismo radical de semelhante tese (e isso valeria mesmo se a entendêssemos em sentido antropológico, fundamentando um antropocentrismo radical) é fatal para a polaridade acima mencionada.

Ensaísta de articulação clara e comunicativa, o autor, ainda assim, debate os problemas em alto nível, sem simplificar e sem trair os seus temas. O que o distingue, em particular, é a elevada competência no terreno teatral, unida a notável informação geral. A indagação especializada de Bornheim sempre é projetada contra os amplos horizontes do pensamento filosófico. Em nossos dias, semelhante aliança é rara.

Terceira Parte:

TEATRO ALEMÃO

1. GOETHE – CLÁSSICO OU ROMÂNTICO?[1]

Considera-se Goethe em muitos países como poeta romântico, ao que parece devido à tradição francesa que, desde Mme. de Staël, difundiu essa opinião pelo mundo. No que se refere aos alemães, filiam apenas o jovem Goethe da década de 1770 – fase em que escreveu o *Werther* e concebeu o *Fausto* – não propriamente ao romantismo, mas ao movimento pré-romântico do *Sturm und Drang* (Tempestade e Ímpeto). Violentamente contrário aos cânones clássicos franceses (Boileau, Corneille, Racine etc.), adotando um rousseauísmo desbragado e professando o culto do "gênio titânico", esse movimento tem, sem dúvida, feições românticas, se por esse termo entendermos a efusão veemente das paixões, o subjetivismo, a insatisfação com a realidade dada, a aspiração ao utópico e ao infinito, o impulso irracional, a exaltação dionisíaca. Nesse sentido amplo, muitos poemas

---

1. Escrito para o Programa do Studio-59, de São Paulo, 11.9.1964.

goethianos daquela fase, o *Werther* e até certo ponto o primeiro *Fausto* são românticos; mas já a segunda parte está longe de sê-lo e a obra total, incomensurável como é, não se adapta a nenhuma classificação.

O processo de amadurecimento e disciplinação íntimos de Goethe foi longo e tormentoso. A partir de sua viagem à Itália, em 1786, onde concluiu a última versão de *Ifigênia em Táuride*, Goethe é tido como o maior dos autores clássicos da Alemanha, entendendo-se o termo "clássico" não só no sentido de "ápice" ou de "qualidade suprema" no domínio de uma cultura nacional, mas principalmente na acepção de um estilo estético e de uma concepção do mundo que se distinguem pelo equilíbrio e serenidade, pela proporção e ordem, pela harmonia e ponderação, opondo-se, portanto, radicalmente ao estilo e concepção românticos. Goethe primeiro, depois Schiller, inicialmente antagônicos, depois unidos, superam, ambos, os arroubos prometeicos da juventude e o culto do elementar e primitivo; aliam-se na sua admiração pelo clássico modelo grego, então concebido, nos moldes de Winckelmann, como "nobre simplicidade e tranquila grandeza". É um ideal humanista que, em termos modernos e simplificados, procura não eliminar e sim disciplinar severamente as forças dionisíacas exaltadas na juventude, integrando-as, tanto na arte como na vida, dentro do contexto da meta apolínea.

O rigor das concepções clássicas de Goethe e Schiller levou ambos a atitudes por vezes unilaterais quando, por volta de 1800, surgia o movimento romântico propriamente dito. Mesmo autores não ligados ao romantismo, mas apresentando certos traços difusos desse movimento, como Jean Paul (Johann Paul Friedrich Richter), Kleist e Hölderlin, foram impiedosamente repelidos pelos dois poetas – fato que, no caso de Kleist e Hölderlin, não deixou de contribuir para o desenlace trágico dessas duas vidas. Kleist até pensou em desafiar Goethe para um duelo. É com referência a ele que Goethe definiu o romantismo como "doentio", ao passo que o clássico seria sintoma de saúde. A expressão goethiana mais característica do seu classicismo talvez seja a dura palavra de que preferia a injustiça à desordem.

No terreno da dramaturgia, o pré-romantismo dos adeptos do *Sturm und Drang*, assim como o romantismo propriamente dito, tanto na Alemanha como na Itália e França, distinguiu-se pela ruptura radical com as regras clássicas: abolição das unidades de lugar e tempo; introdução da ação episódica e parcelada (o "drama de farrapos"); acentuação do característico em detrimento do típico; realce da cor local e histórica, em detrimento da estilização clássica; fusão dos elementos trágicos e cômicos, do estilo alto e baixo; enfim, oposição à influência de Aristóteles, cuja *Arte Poética* constituirá a base da dramaturgia clássica. Todos os (pré-) românticos e ainda o líder do romantismo francês, Victor Hugo (no seu famoso prefácio a *Cromwell*, 1827), exaltaram Shakespeare como o representante máximo de uma dramaturgia contrária ao classicismo.

Diante desse pano de fundo, *Ifigênia em Táuride* se afigura como uma das mais perfeitas obras clássicas da literatura alemã. A peça é o resultado soberbo de uma fase em que Goethe se distanciava o mais possível de Shakespeare – maior inspiração da sua juventude – e em que, ao mesmo tempo, se aproximava de Racine. Com efeito, chegou então a admirar o autor de *Fedra* como verdadeiro ídolo (mais tarde iria confessá-lo na sua obra autobiográfica, *Poesia e Verdade*). *Ifigênia* é obra clássica não só pela linguagem nobre, de inexcedível harmonia e decoro sublime, pela rigorosa observação das unidades, pela tipização das personagens e pela simetria da estrutura (as cenas principais da redenção de Orestes situam-se no terceiro ato, no centro da peça, e todo o resto organiza-se em torno desse eixo); é clássica também pelo espírito, chegando a superar nisso a própria peça de Eurípides. Nesta, a protagonista ainda mantém muitos traços arcaicos e mesmo selvagens; traços que recentemente foram ainda acentuados nas peças que Gerhart Hauptmann dedicou à estirpe átrida; a obra mais moderna é sem dúvida a mais arcaica – o que não deixa de ser característico para a nossa época. Face a isso, a heroína de Goethe é a imagem da pureza e medida. A peça é, toda ela, uma glorificação da luminosidade olímpica, embora não lhe falte o contraste do mundo noturno e primitivo. É a exaltação do ser humano que conseguiu dominar, em si mesmo, as origens telúricas. As forças demoníacas presentes em Orestes e na terrível herança da maldição dos deuses que pesa sobre a família átrida, são expulsas e exorcizadas pela *humanitas* de Ifigênia. Ao superar esses poderes arcaicos, mesmo no que deles sobrevive no seu próprio ser e sacerdócio, ela acaba libertando e redimindo o clã, graças ao fervor amoroso, ao *ethos* e à transparência harmônica da sua personalidade.

Pode parecer que não importa saber se a peça é clássica ou romântica. A indagação se afigura pedante e um tanto alexandrina. Trata-se de uma obra perfeita, qualquer que seja o nome ou a classificação que lhe atribuímos. No entanto, é preciso realçar que a época clássica da literatura alemã – usando o termo agora no sentido de "ápice" e "qualidade suprema" – não se restringe somente ao romantismo. Há nesta interpretação – demasiado difundida fora da Alemanha – certa malícia que por vezes chega a revestir-se de acentos políticos. Sem dúvida, o clássico como estilo é um fenômeno raro na literatura alemã – vinte anos, não mais. Não se compara à tradição clássica da França. Mas estes vinte anos são preciosos, é preciso realçá-los, resguardá-los, torná-los vivos, realmente vivos, na mente dos próprios alemães. Não só os formidáveis contos tétricos de E.T.A. Hoffmann, não só a beleza mística dos *Hinos à Noite*, de Novalis, não só o esplendor furioso da dionisíaca *Pentesileia*, de Kleist, são alemães; a clássica *Ifigênia* também o é, a imagem solar de uma humanidade nobre, capaz de superar os poderes destruidores.

2. PARALISIA DA ALMA – "A MORTE DE DANTON"[1]

Nascido em 1813, Georg Büchner desapareceu aos 23 anos, como refugiado, em Zurique. Escreveu *A Morte de Danton*, a primeira das três peças que constituem a sua obra dramática, em 1835, enquanto agentes secretos alemães rondavam a casa paterna, onde o jovem estudante revolucionário se abrigara. A obra, uma das maiores peças históricas da literatura alemã, foi encenada pela primeira vez em 1910, na cidade de Hamburgo, mais de setenta anos depois da sua morte.

O pano de fundo histórico de *A Morte de Danton* é o conflito entre os jacobinos e os girondistas. Danton resiste à intensificação da revolução pela liderança radical dos jacobinos, ensaiando uma política conciliatória em relação aos girondistas. Tendo por adversários Robespierre e Saint-Just, Danton é condenado à morte pelo tribunal revolucionário,

1. Manuscrito.

125

cujos representantes não se conformam com sua atitude que parece favorecer a alta burguesia.

A obra, bem mais que uma obra revolucionária, é o drama do revolucionário que perdeu a fé na revolução e cuja vida, por isso, tornou-se vazia. As amargas experiências de Büchner como revolucionário refletem-se no profundo pessimismo da peça, impregnada pelo "horrendo fatalismo da história" que – segundo Danton – transformaria os homens em títeres, em "espuma na onda" de processos avassaladores, em marionetes entregues a uma "luta ridícula contra a lei ênea". Essa visão niilista da história – "somos bonecos puxados no fio por poderes desconhecidos" – caracteriza a atmosfera sombria da obra. O epicurismo sensual de Danton e de alguns dos seus companheiros é expressão dessa perda de fé em valores superiores pelos quais valesse a pena viver e lutar. Desse esvaziamento niilista decorre o terrível tédio de Danton e o sentimento desesperado de solidão que é atenuado apenas pela volúpia da união carnal. Daí resulta também essa paralisia da alma que lhe tolhe a capacidade de agir. Perseguido pela lembrança insuportável de massacres de que se sente culpado, Danton é, desde o início da peça, marcado pela morte que se lhe confunde com a doçura do repouso e do abraço erótico.

Hesita-se em chamar a peça de tragédia porque o protagonista, tal como aparece no drama, é nesta fase de sua vida, apesar da sua estatura heroica, desde logo um homem aniquilado, apenas vítima da revolução e já não expoente ativo dela ("a revolução devora, como Saturno, seus próprios filhos"). Isso, no entanto, em nada diminui a grandeza da obra. Conquanto não revolucionária, *A Morte de Danton* é uma das mais profundas peças *sobre* a revolução, cuja estrutura dialética e paradoxal é analisada por esse jovem de 22 anos com uma penetração deveras assustadora.

A Morte de Danton, com seu largo alento épico, com seus pormenores poéticos, cínicos e patéticos, com o grandioso élan da sua retórica, é um poderoso afresco cênico que rompe radicalmente com a estrutura do drama tradicional.

Em plena época romântica, ainda um pouco contaminado por certos arroubos do romantismo, o jovem dramaturgo, no entanto, o supera e se diverte em parodiá-lo; invade o campo do realismo e o ultrapassa ao mesmo tempo pela distorção expressionista e mesmo por incursões na esfera do absurdo. Concomitantemente, usando a transcrição quase literal de discursos autênticos, Georg Büchner antecipa a dramaturgia documentária moderna. Não admira que só no nosso século das vanguardas por atacado se tenha começado a fazer jus a este vanguardeiro precoce.

3. FRIEDRICH DÜRRENMATT

O Herói Quixotesco[1]

Friedrich Dürrenmatt, desenhista, autor de argumentos cinematográficos, contos macabros e novelas policiais, já é velho conhecido do público brasileiro, sobretudo através de sua obra dramática que lhe conquistou fama mundial. Nas suas peças, influências do Teatro Épico e do Teatro do Absurdo fundem-se ao fogo de uma fantasia desenfreada, de forte inclinação pela farsa, pela caricatura e pelo pastiche. Entretanto, as cambalhotas às vezes quase infantis com que esse suíço gordíssimo se entrega à piada e à paródia de modo algum impedem que alcance dimensões grandiosas. O seu riso passa da zombaria à gargalhada demoníaca, em cenas que por momentos lembram visões infernais de Bosch e de Brueghel. O alvo dessa risada frequentemente

---

1. Manuscrito.

sardônica é o homem na sua aspiração desmedida, no seu desejo de ultrapassar os limites humanos, por mais que ele seja, segundo a concepção pessimista de Dürrenmatt, um ente frágil e desarmado ante a corrupção íntima. Símbolos dessa soberba de uma humanidade que, arrogando-se poderes divinos, pretende o absoluto, são por exemplo a Torre de Babel erguendo-se agressivamente ao céu (*Um Anjo Vem à Babilônia*), assim como a física e a técnica modernas desencadeando energias monstruosas ou visando à conquista dos espaços cósmicos (*Os Físicos*).

Dürrenmatt não tem muitas ilusões acerca do homem. Por isso mesmo, lança-o nas situações grotescas das suas farsas e tragicomédias. Embora muito influenciado por Brecht, não tem a mesma confiança na ação transformadora do homem. Essa ação exige a luta pelo poder; e o poder é uma força corruptora só igualada pela dissolução moral que decorre da ganância e do dinheiro, como demonstra *A Visita da Velha Senhora*. Enquanto a sátira ou a polêmica de Brecht se dirigem contra a sociedade histórica ocidental, necessitada da ação transformadora, o riso macabro de Dürrenmatt visa à condição essencial do homem, vista em termos absolutos, metafísicos. Por esse lado, Dürrenmatt filia-se mais ao Teatro do Absurdo do que ao de Brecht.

Todavia, o seu humor, apesar de suficientemente negro para tingir de luto fechado as roupas de uma plateia média, não deixa de ser humor. E este, enquanto autêntico, implica sempre uma dose de simpatia e ternura pelo homem, por mais ridículo que seja. O autor humorístico, enquanto aponta as cômicas limitações humanas, tende a mancomunar-se com elas. Pactua com a fraqueza do homem. Em última análise, aceita-o tal como é. Vive de conluio com as contradições desse ente que, curiosa fusão de espírito e carne, limitado pela sua miséria carnal e condenado à finitude pela morte e pela fragilidade física, é induzido pelo espírito a aspirar ao infinito. O humor de Dürrenmatt, embora agressivo, reconcilia-se com este Dom Quixote que, fitando o céu, cai sobre uma casca de banana. Em

O Casamento do Senhor Mississipi, é bem visível esta simpatia pela aventura quixotesca do Conde Bodo…

Desconhecemos os processos e motivos fundamentais da arte de Dürrenmatt em *Hércules e o Estábulo de Áugias*, peça das mais divertidas e saborosas do autor, ora escolhida por Afonso Gentil para inaugurar as atividades cênicas do Teatro Rio Branco (Tear). Nela, o seu humor se expande livre e gostosamente, quase por inteiro dissociado dos traços violentos de outras peças. O recurso ao anacronismo, sem dúvida fácil e usado com um prazer um tanto infantil, produz um rendimento irresistível. O revestimento mítico mal disfarça a analogia entre Elis, o país de Áugias, e a pátria de Dürrenmatt, analogia marcada na radioversão original pelos nomes tipicamente suíços dos cidadãos, cujo coro verifica desconsolado que tudo fede na democracia mais antiga do mundo. É evidente que Elis-Suíça, país repleto de esterco, é apenas um modelo destinado a figurar concretamente a condição humana em geral, da mesma forma como, em *A Visita da Velha Senhora*, a cidade de Guellen (isto é, "esterco liquefeito") serve de recurso parabólico para localizar em termos cênicos sensíveis a corrupção humana universal, não limitada a nenhum país particular. O esterco, como se verifica, enche de fato não só os estábulos e sim também os cérebros humanos. Mesmo um Hércules não pode tirá-lo de lá. E muito menos consegue impor-se contra as comissões parlamentares de Elis, que se multiplicam como a espantosa fertilidade de cogumelos. A luta de Hércules contra aquilo que se poderia chamar a engrenagem constitucional de um Estado moderno é um recurso extremamente sagaz para ironizar não só essa engrenagem, como também a própria ideia do herói, inadequada para a solução dos problemas imensamente complexos do mundo moderno. Em certa medida, a peça é, toda ela, uma arrasadora sátira ao "herói" e, com isso, a toda a dramaturgia tradicional (e não tradicional) que recorre a um ideal humano, cuja inviabilidade, no mundo moderno, já foi predita por Hegel.

Hércules, o mítico "limpador da Grécia" que, segundo o mesmo Hegel, foi para os antigos o "ideal da virtude heroica primeva", virou na peça de Dürrenmatt um herói profissional, cujo secretário e chefe de propaganda Políbio assume o papel de narrador e comentarista brechtiano para ironizar, ridicularizar e distanciar convenientemente a ação dramática e o seu fabuloso chefe. Do mítico gigante nada resta senão um atleta ligeiramente decadente, carregado de dívidas e perseguido por credores. Do Dom Juan grego, famoso pelas suas lides no campo do amor, sobra apenas um galã madurão com fortes tendências de se aposentar. Assustado pelo ardor amoroso das moças de Elis, fãs furibundas que não lhe dão tréguas, coloca na tenda escura um substituto para garantir o merecido repouso noturno. Dificuldades financeiras obrigam-no a participar de espetáculos circenses não menos ridículos do que as lutas livres na TV.

Porém, apesar da desmistificação impiedosa do "herói nacional", em consequência da qual o homem mais forte de todos os tempos se torna um representante da fraqueza e da impotência humanas, que marcha tenazmente de derrota em derrota, apesar de tudo isso, o humor envolve de simpatia essa figura tragicômica e quixotesca. Há poesia na tolerante relação amorosa entre ele e a bela Dejanira, que recita o famoso canto côrico de *Antígone* sobre a enormidade e a fraqueza do homem, tão bem adequado ao destino de Hércules. Esse destino triste – a morte dolorosa, morte definitiva do herói e super-homem – é constantemente evocado pela taça com o sangue do centauro que Dejanira traz consigo. E o carteiro grego – invenção extremamente hilariante de profeta bem a modo de Dürrenmatt – cuida de antecipar e de lembrar essa morte terrível para que a tenhamos sempre em mente.

Não devemos nos fiar nos super-homens, nem nos homens de aço dos gibis, nem tampouco no poder passageiro e nos grandes lances da ação heroica – eis a lição um pouco melancólica da peça. O sábio Áugias, que não é herói, nem é ao menos rei, mas apenas simples presidente eleito pelo povo, ensina ao filho que o trabalho verdadeiramente hercúleo é a atividade humilde de cada dia e que não lhe cabe a grande façanha de, matando Hércules, roubar-lhe a formosa Dejanira, pela qual se apaixonou com a aprovação complacente do herói. Tarefa muito maior é transformar o deserto em jardim e o esterco em *humus*.

Na versão original da radiopeça (1954), o filho obedece e fica em casa para cuidar do jardim paterno. Na versão bem mais recente para o teatro, o filho desobedece, parte e morre sob a espada de Hércules, cuja condescendência, já por razões financeiras, não vai ao ponto de admitir que sua fama nacional (seu "cartaz" é a expressão mais exata) sofra grave dano pela intervenção de um concorrente de classe atlética inferior. O novo desfecho, precisamente ao contrário do anterior, sugere que Dürrenmatt aprendeu desde a primeira versão mais alguma coisa sobre o homem e que não quis reter aquilo que aprendeu. Deve-se admitir que a segunda conclusão, por mais pessimista que pareça, contém também uma afirmação positiva: a juventude não se conforma; não se recolhe ao jardim do pai, onde o esterco malcheiroso produz o delicioso aroma das flores. A juventude parte, apesar de tudo. Parte para lançar-se à ação e enfrentar a aventura da vida, sem temer o fracasso e a derrota – bem segundo a fórmula de Sartre: não é preciso ter esperança para agir.

Um Dramaturgo Como Narrador[2]

Entre os dramaturgos vivos de língua alemã, o mais conhecido, em escala internacional, é hoje sem dúvida o suíço Friedrich Dürrenmatt. É possível que seja também o mais importante. Bem menos conhecida é sua obra não destinada ao palco: peças de rádio, novelas policiais, narrativas satíricas, contos alegóricos, parábolas e uma prosa

---

2. Suplemento Literário de *O Estado de S. Paulo*, 20.6.1962.

experimental que esboça imagens violentas, impressões e visões fantásticas e apocalípticas. Em alguns desses bosquejos literários nota-se a acentuada tendência visual desse autor versátil. Com efeito, quando jovem dedicava-se ao desenho e à pintura. Os trabalhos pictóricos deste suíço gordíssimo, de pouco mais de quarenta anos – cujas refeições pantagruélicas certamente não são aprovadas pelos médicos que lhe tratam a diabete –, estão povoados de alucinações grotescas e quimeras infernais que muitas vezes lembram o grotesco dos Bosch e Brueghel.

Talvez a peça radiofônica não seja o *medium* mais adequado aos escritores "visuais", embora isso seja uma teoria bem discutível. Seja como for, a peça de rádio tornou-se hoje, nos países de língua alemã – e naturalmente também em outros países –, uma genuína forma artística que vem atraindo o interesse dos maiores autores. Desde o fim da guerra foram editadas em alemão mais de duzentas peças, em tiragens que ao todo ultrapassam de longe a casa dos 200 mil (devendo-se considerar que cada volume costuma conter de cinco a seis peças). No que se refere a Dürrenmatt, celebrizou-se na Alemanha inicialmente através dessas peças auditivas. Certamente não é exagerado dizer-se que, se o teatro se beneficiou pela adaptação de numerosas peças de rádio, este gênero de arte, contudo, afastou do teatro número alentado dos maiores poetas e escritores alemães. Com efeito, o estúdio radiofônico situa-se bem mais próximo da literatura do que a cena teatral, já que se mantém no âmbito acústico-sonoro da palavra e, com isso, da mera imaginação, livre da encarnação visual do palco; encarnação que é a imensa vantagem do teatro, mas que não deixa de ser também uma limitação e, vista do ângulo da literatura, até certo ponto uma "deturpação". É precisamente isso que Ionesco exprime ao dizer que, no teatro, incomodam-no os homens de carne e osso sobre o palco, já que a sua presença física destrói o mundo da imaginação, de modo a se cruzarem no palco dois planos que, segundo Ionesco, não se fundem.

134

Dürrenmatt parece ser visceralmente teatrólogo, *play-writter* (dramaturgo), homem cujas relações com a literatura não são inteiramente satisfatórias, a não ser que ela se destine ao palco. Isso talvez explique por que os entendidos não julgam as suas peças de rádio como de primeira qualidade, conquanto se trate de textos bem realizados. Sua apresentação parece resultar em teatro radiofonizado, à semelhança de um seu enredo para cinema que resultou em teatro filmado. Parece que Dürrenmatt não atinge a expressão específica dessas artes, não sabe ou não deseja aproveitar-lhes as virtualidades peculiares.

Isso de certo modo vale em grau ainda maior aos seus contos e novelas. Há aí páginas que são de alto nível e trechos que se afiguram de interesse como prosa narrativa de grande audácia. Geralmente, porém, não mantêm a continuidade qualitativa da sua dramaturgia teatral. Em certos casos, suscitam a impressão de terem sido escritos com a mão esquerda: há desleixos e desfalecimentos estilísticos quase escandalosos que, se às vezes talvez se devam a peculiaridades do linguajar suíço, quase sempre são simplesmente mau alemão. É difícil compreender isso no caso de um autor cujos textos dramatúrgicos geralmente são de bom nível linguístico e por vezes chegam a altíssimos momentos de poesia.

Seja como for, a sua prosa narrativa é de considerável interesse, visto ampliar o nosso conhecimento do dramaturgo e abordar com certa insistência e de forma mais direta os problemas e preocupações religiosas e morais que são também característicos do seu teatro. Isso se refere mesmo a suas novelas policiais *O Juiz e o Seu Carrasco* (1950)[3] e *A Suspeita* (1951)[4], ambas escritas por razões financeiras, para encomenda de periódicos, o que em parte talvez explique os desleixos mencionados (que, no entanto, se encontram também na sua melhor prosa narrativa). É verdade, o próprio

3. São Paulo: Brasiliense, 1990; São Paulo: l&pm, 2008.
4. São Paulo: Círculo do Livro, 1975.

Dürrenmatt atribui o seu interesse pelo romance policial a razões puramente estéticas:

As exigências que a estética impõe ao artista tornam-se, dia por dia, maiores [...], exige-se dele a perfeição que os intérpretes costumam projetar dentro dos clássicos; basta um retrocesso aparente e já se o considera falido; assim, vem sendo criado um clima em que só se pode estudar a literatura, em vez de criá-la. Como resiste o artista num mundo de cultura e de alfabetizados? [...] Talvez da melhor forma escrevendo romances policiais, produzindo arte onde ninguém a supõe. A literatura deve tornar-se tão leve que já não pesa nada na balança da atual crítica literária: somente assim ela irá readquirir peso.

Todavia, não se pode dizer que Dürrenmatt tenha conseguido seu intento nessas novelas. De um lado, não parecem tão leves que não pesem na balança da crítica. Mas pesando, como pesam, não adquirem o peso necessário para resistir a critérios severos. Não se comparam ao valor da sua própria dramaturgia, nem ao dos romances ou novelas de Graham Greene ou Edgar Allan Poe, de quem, aliás, faz largos empréstimos. São construídas a machado, sem sutileza. O autor introduz nelas, à força, certo elemento demoníaco-grotesco e personagens de cunho mítico, sem conseguir torná-las verossímeis nem no ambiente suíço, bem pouco demoníaco, nem na economia interna da obra, ao ponto de tais personagens entrarem nas novelas de Dürrenmatt a chute, como que arrancadas de uma obra de E.T.A. Hoffmann ou Kafka. Logo em seguida, perdem-se em longos diálogos sobre céu ou inferno, muito mais adequados ao antigo estudante de filosofia e teologia que os concebeu do que ao gênero da novela policial. É muito curioso também que as mesmas teses sobre o bem e o mal, quando surgem no diálogo dramático, parecem senão profundos, ao menos perfeitamente viáveis e eficazes, ao passo que surgindo no diálogo narrativo afiguram-se, senão pseudoprofundos, ao menos um tanto corriqueiros e insustentáveis. Só uma análise muito minuciosa poderia revelar as

136

razões desse estranho fenômeno que decerto não deve ser generalizado, mas que neste caso surpreende ainda mais porque a observação foi feita somente à base da leitura. É possível que se leia um texto dramático, desde logo, de um modo diverso do de uma novela, mantendo por assim dizer em mente a eficácia do palco. Talvez contribua também o fato de as personagens do drama assumirem, de certa forma, toda a responsabilidade pelo que dizem (não tendemos tanto a culpar o autor), ao passo que as personagens narradas – não inteiramente emancipadas do narrador, de quem continuam dependentes – parecem envolver em maior grau o seu criador.

Entre as coisas malogradas da novela *A Suspeita* – bem inferior à *O Juiz e seu Carrasco*, embora mais importante para o conhecimento das concepções do autor – conta-se a personagem do judeu Gulliver (vítima das experiências sádicas de um médico nazista), a quem Dürrenmatt procura dotar dos traços míticos e sobre-humanos de um Ahasvero tornado em vingador "dente por dente". Na novela, a personagem não funciona, não se sustenta, mas a impressão é que, no palco, representada por um grande ator, ela poderia talvez equiparar-se à vingativa "Velha Senhora" da famosa peça.

Apesar de todas essas falhas, mesmo estas novelas policiais revelam, sem dúvida, um autor de talento incomum. O investigador das duas obras, Bärlach, é um tipo excelente de justiceiro quase quixotesco, com traços por vezes um tanto quanto diabólicos, e certamente um dos mais originais expoentes da grande galeria de detetives romanescos: quase moribundo, corroído pelo câncer, dirige as suas investigações do leito de morte. Em *A Suspeita*, acaba de ser operado, com a esperança de sobreviver por mais alguns meses. Ainda não refeito da intervenção, interna-se corajosamente no sanatório do Dr. Emmenberger, de quem suspeita tenha realizado, num campo de concentração, experiências cirúrgicas nos presos (entre os quais também Gulliver, um dos poucos sobreviventes). Também aqui, como em tantas das suas peças e em quase toda a sua novelística, é fundamental o tema do carrasco, do homem que se arroga poderes sobre-humanos, enfim, do homem que comete o pecado mortal da soberba, da *hybris*. Desta soberba luciférica – que é, antes de tudo, a do Dr. Emmenberger – não estão inteiramente isentos o próprio detetive e o judeu que acaba por matar o médico monstruoso. Com efeito, "na noite de núpcias de céu e inferno que pariram esta humanidade, nesta noite abandonada por Deus, o bem e o mal estão demasiadamente entrelaçados para que jamais fosse possível separá-los".

Quando o investigador Bärlach diz que é preciso destruir Emmenberger, recebe a resposta: "Neste caso, é necessário destruir toda a humanidade".

Essa opinião extremamente pessimista certamente não é a verdade integral de Dürrenmatt –, é uma personagem quem a externa. Mas a descrença total no homem marcou, sem dúvida, uma fase de profunda crise niilista pela qual ele parece ter passado durante a última guerra. É visível que, para este filho de um pastor protestante, a descrença no homem implica a descrença em Deus, a cuja semelhança foi feito o homem. Essa crise niilista se reflete numa série de narrativas, parábolas e contos alegóricos reunidos no volume *Die Stadt* (A Cidade) e redigidos entre 1943 e 1946. Concebidos e escritos antes das grandes peças, num momento em que Dürrenmatt provavelmente não se decidira ainda pelo seu gênero definitivo, essa prosa experimental, que oscila muitas vezes entre o expressionismo e o surrealismo, é o melhor que criou nesse domínio, apesar de a influência de Kafka ser tão acentuada que, em alguns trechos, se trata quase de plágio. O volume reflete o desespero extremo: Deus está morto ou um outro ser demoníaco ri-se do homem e não pretende "tornar-se de novo homem". Ainda assim, "o poder deve ser devolvido ao mais forte – a Deus" (que, contudo, aparece ocasionalmente também como carrasco, enquanto em outros momentos é o demo quem é considerado o mais forte). O mal supremo é a vontade de poder. Toda a civilização moderna, o capitalismo,

138

a técnica, tornam-se símbolos da soberba luciférica de uma humanidade que do "Nada pretende fazer Algo", isto é, tornar-se divina. Essa atitude encontra ainda expressão na personagem de Nebukadnezar, em *Um Anjo Vem à Babilônia*, peça em que a construção da Torre de Babel representa a *hybris* do rei, que deseja opor à criação divina a partir do Nada a criação humana a partir do espírito, "para verificar o que é melhor: minha justiça ou a injustiça de Deus".

Porém nesta peça, escrita em 1953, a personagem do mendigo Akki, que aceita a graça divina (a moça Kurrubi, trazida pelo anjo), sugere a superação da crise niilista, aliás em termos bem semelhantes àqueles empregados pelo Ahasvero Gulliver: "Não devemos procurar salvar o mundo (pois isso também é soberba), mas manter-nos firmes em face dele – a única aventura verdadeira que ainda nos resta nesta época tardia."

Sabedoria humilde, sem dúvida, mas um tanto melancólica. A influência formal de Brecht na dramaturgia de Dürrenmatt não atingiu tampouco, como no caso do seu conterrâneo Frisch, a substância do pensamento desse autor que continua essencialmente "intelectual progressista" e suíço: neutro e torturado por dúvidas.

"O Casamento do Sr. Mississipi"[5]

O teatro de Friedrich Dürrenmatt é influenciado em especial por Brecht, Wedekind e pelo expressionismo, e mostra fortes traços de cabaré literário na sua inclinação pela caricatura e pelo pastiche.

Dürrenmatt mobiliza todos os recursos de um teatro desenfreado para encarnar no palco a comédia apocalíptica do nosso tempo, de uma humanidade que se lhe afigura corrupta, envenenada pelo pecado da soberba. Sua visão,

---

5. *Crônica Israelita* de 6.9.1965, e *Correio da Manhã* (entrevista a Van Jafa) de 5.10.1965. Noite beneficente promovida pelo Grupo Cultural iv da Liga Feminina Israelita do Brasil, em set. 1965, no Teatro Ruth Escobar.

que explode em sátiras contundentes, é a de um moralista; mas esse moralismo, bem mais que de ideias políticas, se nutre de fontes religiosas. Em certos momentos, sua dramaturgia se aproxima daquilo que se poderia chamar "farsa cristã". Em face da vileza e impotência do homem, tal como Dürrenmatt as encarna, a sua autodivinização só pode resultar em farsa. Quem não notará nas suas peças certo clima religioso, pesadamente carregado de "pecado original"? Não é por acaso que o nome de Guellen, a cidade bem humana de *A Visita da Velha Senhora*, tem no dialeto suíço-alemão o sentido de "esterco liquefeito". O pior dos pecados, porém, é a vontade de poder, a arrogância com que o homem pretende alcançar o absoluto, erguendo Torres de Babel ao céu ou visando à conquista dos espaços cósmicos (*Um Anjo Vem à Babilônia, Os Físicos*).

Nenhuma forma de teatro tradicional poderia exprimir a paisagem de ocaso e os pesadelos escatológicos que Dürrenmatt se esforça por apresentar na cena. Daí o recurso à paródia, ao humor negro, à deformação, à caricatura. Como se podem escrever tragédias clássicas num mundo em que reinam "carrascos em escala universal", monstros que usam "máquinas de fazer picadinho"? Tal situação obviamente impõe a comédia grotesca. A tragédia pressupõe as noções de culpa e responsabilidade; contudo, que significam tais conceitos num mundo em que surgiu um Eichmann, o burocrata da morte que liquidou centenas de milhares no expediente das 14 às 18 horas? Nesse "ocaso da raça branca", afirma Dürrenmatt, não há culpados, nem responsáveis. "Ninguém tem culpa de nada. Todo o mundo é inocente. A nossa culpa é demasiado coletiva, repousamos coletivamente nos pecados dos nossos pais e antepassados. Somos apenas filhos de filhos". Em tal época, conclui, "só a comédia ou a tragicomédia resolve o caso. O nosso mundo levou-nos ao grotesco da mesma forma como nos levou à bomba atômica".

Entre as peças de Dürrenmatt, *O Casamento do Sr. Mississipi* é, sem dúvida, a mais ousada – verdadeiro pandemônio cênico, de um cinismo que não respeita nada. O diálogo oscila entre poesia, chavão, grandiloquência patética e retórica de feira. A essa mistura propositadamente bombástica, imoderada e inflada até à caricatura, corresponde a mixórdia de estilos na salada em que se desenrola a ação – mistura que representa o leilão da cultura europeia, cuja desmontagem se reflete na da salada. Essa salada se repete, por sua vez, no coquetel do enredo, preparado com fortes doses de crime e teologia (debaixo da mesa), moralismo e devassidão, caridade e luxúria. A paródia ao melodrama e a toda série de clichês do teatro tradicional é bem visível. O autor usa maciçamente os recursos de Brecht; mas usa-os contra ele, levando-os ao pastiche, e Brecht decerto deveria ter achado detestável a filosofia da peça e a megalomania da sua forma. Sem dúvida, a julgaria manifestação do pesadelo de um pequeno-burguês, após a feijoada da meia-noite se tal prato existisse na Suíça. Com efeito, a peça é uma das invenções mais loucas, estranhas e turbulentas do teatro moderno – gargalhada desesperada sobre a vaidade humana, poema barroco sobre a fugacidade e eternidade humanas, hino ébrio à quixotesca aventura humana.

No centro da peça agita-se Anastácia, espécie de Lulu, o famoso espírito telúrico de Wedekind, o sexo em pessoa, a "Dama Mundo", a grande prostituta de Babel, que gasta homens em ritmo vertiginoso: é a velha senhora que aqui nos visita em edição mais juvenil. Em torno dela giram: primeiro, o seu estranho marido, Florestan Mississipi, moralista feroz, promotor público e carrasco (o carrasco é tema constante da obra de Dürrenmatt) que pretende impor ao mundo a lei rígida de Moisés; segundo, o seu amante Frédéric René Saint-Claude, outro moralista, esse, porém, adepto de Marx – ambos anjos caídos (ou demônios que saíram dos abismos), seres luciféricos que aspiram a estabelecer a justiça absoluta no mundo, o que, segundo a teologia de Dürrenmatt, é soberba e pecado mortal: semelhante anseio leva ao ódio, à intolerância e ao extermínio; mas esse anseio prometeico é inextinguível e faz parte da aventura humana; terceiro, outro amante, Diego, o ministro "realista",

141

oportunista abjeto, pronto para qualquer conchavo que o mantenha no poder; por último, mais um amante, o Conde Bodo este terá a última palavra; é um aristocrata arruinado que ama os homens apesar da humana vileza e que pretende redimir o mundo a partir da interioridade e da força do amor. Irremediavelmente ridículo, objeto do escárnio mais contundente do autor, chega a ser uma espécie de "bobo cristão", um pouco de idiota dostoievskiano. Ao Conde Bodo, no entanto, pertence a ternura do autor porque só ele aceita "a aventura do amor, essa empresa sublime, empresa em que resistir ou sucumbir constitui a maior dignidade do homem". É essa figura quixotesca que, ao fim, exalta a grandeza de Deus, nutrida pela impotência do homem.

O sentido alegórico da obra é transparente, não exigindo maiores interpretações. Peça excêntrica, desproporcional, monstruosa, *O Casamento do Sr. Mississipi* faz parte de uma dramaturgia moderna que, longe de visar a efeitos digestivos, pretende chocar e agredir.

"Um Anjo Vem à Babilônia"[6]

Esta é uma das peças mais poéticas e exuberantes do dramaturgo suíço. Passa-se numa Babilônia cheia de arranha-céus, antiga e moderna ao mesmo tempo, onde se revezam no domínio, eternamente, os reis Nimrod e Nabucodonosor. Um anjo, enviado por Deus e vindo diretamente da nebulosa Andrômeda, chega à Babilônia trazendo a linda Kurrubi, criada especialmente pelo Senhor do Universo para que seja entregue ao mais miserável dos homens, a Akki, o "último mendigo ainda conservado na terra". É que o rei Nabucadonosor, executando a sua grande campanha

6. Suplemento Literário de *O Estado de S. Paulo*, 13.2.1960. Publicado com o título: Uma Peça de Dürrenmatt. (Consta ilustração com a seguinte legenda: "Ao alto, na imagem, o encontro de Akki e do rei disfarçado, na apresentação do *Schauspielhaus* de Zurique [1954], sob a direção de Oskar Walterlin.")

contra a mendicância, transformou os mendigos em funcionários públicos, principalmente em fiscais de impostos. Só Akki resiste, orgulhoso da sua profissão. O próprio rei, travestido de mendigo, vai procurar Akki para convencê-lo da indignidade de sua profissão. A linda Kurrubi, no entanto, apaixona-se pelo rei disfarçado, pois este, como verifica numa cena de comicidade irresistível, é muito mais miserável que Akki com quem não pode competir na arte de pedir esmolas. A quem pertencerá Kurrubi, essa enviada da graça divina: ao rei ou ao mendigo? Certamente não a Nabucodonosor. Este, abandonado pelo céu tão alto que as maldições reais não o alcançam–, resolve construir a Torre de Babel para que, erguendo-se além das nuvens, "atravesse o coração do meu inimigo".

"Minha comédia", comentou Dürrenmatt quanto à peça,

tenta apresentar as razões pelas quais se construiu a Torre de Babel, segundo a lenda um dos empreendimentos mais grandiosos e mais absurdos da humanidade; lenda tanto mais importante porque atualmente nós nos vemos envolvidos em empresas semelhantes. Meus pensamentos, meus sonhos giraram durante anos em torno desse tema, já na minha juventude eu me ocupava com ele […] É difícil realizar sonhos. Nunca procurei conjurar, refazer um mundo submerso: o que me seduziu foi criar […] um mundo próprio, todo meu.

Um Anjo Vem à Babilônia é uma peça que, de uma forma inédita, reúne humor e religião, fantasia grotesca e fé fervorosa, explosões líricas de grande beleza poética e manifestações de um cinismo extremo.

4. PETER WEISS[1]

Peter Weiss (nascido em 1916, em Berlim, e falecido em 1982, em Estolcomo) começou a dedicar-se à literatura numa idade em que muitos costumam abandoná-la. Tendo vivido desde 1934 na emigração devido ao regime nazista, radicou-se na Suécia em 1939. As circunstâncias não favoreciam o amadurecimento precoce do talento literário que, ademais, competia com sua inclinação pelas artes gráficas e pelo cinema. Criador de filmes experimentais e documentários, Peter Weiss ganhou prêmios importantes em vários festivais cinematográficos.

É só mais ou menos a partir de 1950 que começou a dar mais atenção à literatura. Desde então, escreveu oito peças e vários volumes de prosa ensaística e narrativa, em parte de teor experimental. As obras narrativas tendiam, de início, a certo subjetivismo e à autobiografia. O individualismo

---

1. *Palco & Platéia*, São Paulo, n. 6, 1970.

acentuado dessa fase refere-se ainda à personagem do Marquês de Sade, da famosa peça *Marat/Sade*. Nas primeiras obras de teatro, tais como *O Seguro* e *Noite com Hóspedes*, manifestam-se traços de um estilo grotesco que assimila processos do *slapstick* (pastelão) cinematográfico, do teatro cruel e absurdo, de *grand-guignol*, elementos do circo e da tradição cênica japonesa – tudo isso sujeito, de forma estranha, a um tratamento lúdico-infantil. Muitos desses estilemas fazem-se ainda notar em *Marat/Sade*.

Nessa obra ressalta a indecisão de quem, vencendo lentamente a fase subjetiva e "cruel" expressa na personagem de Sade dirigindo os loucos do hospício, ainda não optou com firmeza pela visão de Marat e por uma dramaturgia mais impessoal, mais próxima de Brecht. É curioso verificar, nessa peça, o encontro de elementos do teatro violento e irracional de Artaud com o distanciamento lúdico e racional de Brecht. A ideia de representar o nosso mundo por meio de um hospício, em si, não é propriamente nova. Na comédia *Os Físicos*, Dürrenmatt tentou coisa semelhante. "Preciso apenas ouvir os discursos dos nossos políticos para ver como eles se encontram próximos da alienação mental", disse Weiss numa entrevista para a BBC de Londres. Tanto Dürrenmatt, quanto Weiss, longe de conceberem o nosso mundo como demasiado racional (como parece ser, atualmente, a opinião de tanta gente que se entrega ao irracionalismo), descobrem nele, ao contrário, todos os sintomas da loucura mais desenfreada. O que se afigura realmente novo na peça é o aproveitamento radical do hospício, o que permite ao autor lançar um verdadeiro pandemônio no palco. Graças a isso, acredita ter o direito, bem de acordo com Artaud, de agredir o público, de feri-lo e de fazer do teatro uma "irrupção vulcânica" ou uma verdadeira "peste". Em tal ambiente, pode-se dizer tudo. "Entre loucos, temos liberdade completa", afirmou Weiss na mesma entrevista. Concomitantemente, porém, fazendo loucos representarem os papéis da suposta peça de Sade, obtém a possibilidade de usar o efeito de distanciamento, na medida em que os doentes se comportam aquém ou além dos seus papéis, fracassando em assumi-los em demasia, a ponto de ultrapassarem, perigosamente, o mero jogo e provocarem a intervenção do "diretor teatral" e do diretor do hospício. É evidente que o próprio abandono ou ultrapassamento do jogo pelos loucos é ainda jogo, visto os loucos, que desempenham em parte papéis de gente normal, serem representados por atores mentalmente (mais ou menos) sadios. Entretanto, as possibilidades que se abrem aqui ao diretor, para explorar a metáfora da loucura e para jogar com a aparência e a realidade, são extremamente ricas.

Também o conflito, entre o subjetivismo sensual do individualista Sade e a visão ascética e sobreindividual do revolucionário Marat, é conhecido. As grandes disputas em que se envolvem e que definem atitudes arquetípicas da humanidade não têm, por si só, nada de original, nada que apresente elementos novos (pondo-se de lado a qualidade poética de muitos trechos). O que lhes dá realce inédito é o ambiente fervilhante, tenso e histérico em que as disputas se travam, com a sua atmosfera ameaçadora, dionisíaca, orgiástica, que lhes comunica novas dimensões de fúria sensual, que os carrega de um impacto muito além da mera formulação de teses e que lhes injeta assustadora virulência e potência explosiva.

Após *Marat/Sade*, concluindo a passagem do subjetivismo e do ensimesmamento iniciais para o extravasamento e dedicação aos grandes temas sociais e políticos da nossa época, Peter Weiss escreveu *O Interrogatório* (1965), *O Canto do Espantalho Lusitano* (1967) e *Discurso de Vietnã* (1968), cujo título completo é, como o de *Marat/Sade*, quilométrico – *Discurso Sobre a Pré-História e o Decurso da Prolongada Guerra de Libertação em Vietnã, Exemplificando a Necessidade da Luta Armada dos Oprimidos Contra os Opressores, e Sobre as Tentativas dos Estados Unidos da América do Norte de Aniquilar as Bases da Revolução.*

Quanto ao *Canto do Espantalho Lusitano*, essa peça toma Portugal e Salazar (cujo nome não é mencionado e que é representado por um imenso boneco [o espantalho]) como exemplo dos colonialismos brancos em geral, sem direção específica contra Portugal – país considerado em essência apenas instrumento das nações ricas, que transformam o mundo, segundo Weiss, em uma espécie de "África do Sul global". Ainda assim, é compreensível a reação violenta da imprensa e de representantes portugueses contra a *agitprop*-opereta, ou revista política, e sua encenação, já que afinal o peso da agressão cênica recai sobre o país que serve de "exemplo". Entende-se, pois, que o ministro do exterior tenha tachado de irresponsável uma peça que Weiss escrevera justamente por se julgar responsável, em escala universal, e que o *Diário de Notícias* de Lisboa, condenando a encenação sueca da peça (1967), tenha envolvido a própria Suécia no seu ataque, atribuindo-lhe "ignorância política".

A peça, de composição complexa e rica, apesar do seu caráter panfletário, caricatural e, por vezes, ingênuo-infantil, procura fazer agitação em favor da solidariedade entre os países pobres, contra os países ricos – agitação que foi considerada, por um crítico alemão, como doutrinária e inútil, já que se esgotaria numa atividade meramente verbal. Como *O Interrogatório*, o *Canto* recorre à divisão em onze partes (inspirada em Dante), cada qual apresentando as vozes dos opressores (que em geral falam em prosa rítmica), do coro dos africanos (versos líricos em ritmos livres) e dos três locutores (representantes dos africanos e do autor solidário, que se manifestam em versos toscos com rimas). Alguns poucos atores desempenham os numerosos papéis, assumindo-os sucessivamente.

O *Discurso de Vietnã* retoma o caráter ascético de *O Interrogatório*. Aborda, na primeira parte, a história milenar do Vietnã e, na segunda, os acontecimentos atuais. Pretende ser "teatro científico", encenando no palco temas da história, "em lugar da fábula, o processo histórico". As personagens, ou reproduzem figuras históricas (documentadas) ou representam "cientificamente" grupos inteiros. "Quero pôr no palco movimentos de massa, transformações, processos", tudo se manifestando na "coreografia cênica".

148

Também em *O Interrogatório* – peça que esteve em cartaz no Studio São Pedro –, Peter Weiss visa fazer teatro documentário, isto é, segundo a definição do autor, "teatro de reportagem", baseado em "protocolos, atas, cartas, quadros estatísticos, notícias da Bolsa, balanços dos Bancos e empresas industriais, declarações governamentais, alocuções, entrevistas, manifestações de personalidades conhecidas, fotos, jornais cinematográficos" etc. Diz Weiss: "O teatro documentário abstém-se de toda invenção, adota material autêntico e reproduz este no palco, sem modificações no conteúdo, mas trabalhado na forma". O material, naturalmente, é selecionado "em função de uma visão crítica" da realidade. A crítica toma por alvo, entre outras coisas, as manobras das indústrias culturais (TV, cinema, rádio, cartazes, imprensa, gibis, discos), que procuram "encobrir a verdade, [que] tendem a falsificar a realidade e divulgam a mentira".

A força do teatro documentário reside no fato de poder se compor, de fragmentos da realidade […] um modelo de processos atuais. Não se encontrando no centro do acontecimento, esse teatro assume a posição de observador e analisador. Com a sua técnica de corte, destaca pormenores distintos do material caótico da realidade externa. Pela confrontação de detalhes contraditórios, chama a atenção sobre conflitos existentes, os quais são levados, mercê da documentação reunida, a propostas de solução, ao apelo e ao questionamento radical.

O teatro documentário, "visando o exemplar, não trabalha com caracteres cênicos e retratos de ambientes, mas com grupos, campos de força, tendências. Cabe-lhe penetrar nas fábricas, escolas, campos esportivos, salas de comício". É inerente a esse teatro que se dirija contra uma arte cênica, cujo tema principal são as paixões, a ira e o desespero de gente que, por mais jovem que seja, se fossiliza na fossa e que "se atém à concepção de um mundo absurdo, sem saída". O teatro documentário "empenha-se pela alternativa de que a realidade, por mais impenetrável que se apresente, pode ser explicada em cada pormenor", mostrando-se as causas documentadas dos fatos igualmente documentados.

As proposições de Peter Weiss coincidem, fundamentalmente, com aquelas que Erwin Piscator elaborou, na década de 1920, e que foram retomadas por dramaturgos como Rolf Hochhuth (*O Vigário, Os Soldados, Os Guerrilheiros*), Heiner Kupphardt (*O Caso Oppenheimer*) e outros.

Construindo segundo estes e outros princípios, expostos por Peter Weiss num ensaio, *Discurso de Vietnã* é uma obra altamente estilizada e necessita de uma encenação requintada. Curiosa mistura de historiografia e parábola, lapidar na língua, composição severa e transparente, levada quase à abstração com seu palco puro e branco no qual se desenrola a coreografia dos grupos, recorrendo a um distanciamento frio, já que os quinze locutores mal encarnam as personagens, a peça é considerada por alguns críticos como a obra mais perfeita de Weiss.

Entretanto, o autor foi frequentemente atacado em debates após o espetáculo, mormente por estudantes que alegavam que a peça poderia ser representada somente em teatros caros, acessíveis principalmente a um público disposto a consumir com prazer a agressão de que é vítima. Weiss respondia que recorre ao teatro tal como existe, enquanto tiver possibilidades técnicas e artísticas para apresentar a sua obra adequadamente; e que os estudantes deveriam fundar outros teatros, saindo à rua a fim de, assim, criarem um instrumento novo, adequado num sentido diferente. Ao que os estudantes costumavam replicar que caberia a ele, autor, escrever textos menos exigentes, capazes de serem apresentados em circunstâncias mais simples e mais eficazes. Expoentes da teoria da comunicação e da sociologia concordavam, no entanto, no fato de que o teatro, e em especial o de Weiss, preenchia importante função substitutiva, ao abordar questões em cuja análise os meios de comunicação de massas, e mesmo o próprio Parlamento da República Federal da Alemanha, estariam deixando de funcionar, por se omitirem ou encobrirem, de forma dúbia, o exame de questões vitais para a humanidade. Mesmo se dirigindo apenas à chamada fina flor da sociedade, o teatro exerceria, desse modo, uma função importante, já que a mensagem, atuando nesse círculo, não deixaria de transbordar dele para atingir, de forma mediada, grupos mais amplos (as informações provêm do magazine *Spiegel* e de outros periódicos da Alemanha Ocidental).

"O Interrogatório"[2]

Esse texto pertence à mesma linha de peças acima, admitindo ou exigindo, contudo, encenações ascéticas, sem aparato cênico demasiado complexo, embora se recomende uma boa documentação visual dos campos de concentração e de outros fatos da época nazista. A peça baseia-se em dados e relatos do Processo de Auschwitz, que se realizou em Frankfurt, de 1963 a 1965. Peter Weiss lhe dá a definição de "Oratório em 11 Cantos". Cada canto é tripartido, de modo que a obra segue, com suas 33 partes, a forma básica do grande poema de Dante.

A peça é, com efeito, dantesca. Apresenta, conforme as teses parcialmente expostas anteriormente, apenas uma seleção essencial dos depoimentos, concentrada ao máximo e jogando com fortes contrastes na oposição entre as declarações dos acusados e das testemunhas da acusação. Tais antagonismos, no entanto, são por assim dizer aplainados por um mesmo tom frio, quase que se diria tranquilo, que une, estranhamente, os réus e as vítimas. Enquanto que o processo real estava sobrecarregado de emoções, a peça, ao contrário, reduz por completo a ênfase e a dramaticidade das declarações, tanto dos acusados como das testemunhas. A calma sobriedade da expressão carrega-se de uma espécie de retórica negativa, de efeito sinistro, mercê da ausência de reações humanas. Acentua-se, pela falta de acento, o estado de desumanização a que chegaram os habitantes do Campo;

2. Manuscrito. Espetáculo anunciado por Anatol Rosenfeld na *Folha da Noite* de 9.9.1970, com o título: "Engrenagem de Carrascos".

tanto os opressores quanto os oprimidos recuperaram, pelo menos em parte, a capacidade de sentir como entes normais. Peter Weiss, porém, através do recurso admirável da degradação da linguagem humana, anula as décadas passadas e nos coloca no centro de um mundo desumano.

A fala, tanto dos carrascos como das vítimas, é despersonalizada pelo mesmo jargão nazista, com a sua terrível corrupção semântica que, invertendo o sentido das palavras, corrompia as mentes, transformava o homem em peça, e o massacre em item de contabilidade; falsificava a realidade e impunha, pelos meios de comunicação de massa, esta imagem deformada de um povo inteiro. Os próprios adversários ficaram encampados no mesmo sistema já que, sem percebê-lo, começaram a falar a mesma linguagem e, desse modo, assimilavam subliminalmente as mesmas ideias e a mesma visão da realidade.

O campo de concentração surge, na peça, como uma gigantesca empresa que dava lucros fabulosos às grandes indústrias beneficiadas pelo trabalho escravo. Sob o ponto de vista técnico-empresarial, puramente econômico, o campo representava uma idade de ouro: o portador da raríssima e abundante força de trabalho, quando esta deixava de render (o desgaste era muito rápido devido ao uso excessivo e ao péssimo serviço de manutenção), era simplesmente queimado (aliás, com aproveitamento dos resíduos), não faltando quem, de imediato, o substituísse. A escravatura, comparativamente, era mau negócio já que o escravo costumava ser mantido até o fim da vida, mesmo quando perdera a sua eficiência e até quando deixara de funcionar.

Os campos eram também excelentes laboratórios de experiências de tipos os mais variados, com o homem servindo de cobaia. O fabricante de fornos crematórios, por exemplo, como consta em sua patente registrada após a guerra, melhorou as suas instalações com base na experiência adquirida.

A peça é escrita em prosa rítmica, ordenada em versos, no original sem pontuação nenhuma (o que, pela desarticulação da sintaxe, pela uniformização do discurso e pela omissão da ênfase, do intervalo, da organização significativa, desumaniza o texto e reforça a impressão de um universo transformado em engrenagem trituradora, enquanto, ao mesmo tempo, aumenta o vigor conotativo do plano verbal). A obra se inicia com a visão das partes exteriores do Campo (a plataforma ferroviária aonde os trens de gado chegavam com as vítimas) e termina com a das partes centrais do Campo (as câmaras de gás e os fornos crematórios). Pelo que procura mostrar o autor, a mesma engrenagem que produziu os campos de extermínio e nivelou os verdugos e vítimas na mesma destruição espiritual e moral, continua funcionando ainda hoje. Os campos teriam sido, em essência, nada mais senão a última consequência, a forma mais radical e violenta de uma estrutura que, de modo atenuado, prevaleceria em amplas partes do mundo. Transcrevemos os versos referentes a esse ponto, os quais demonstram que a peça, longe de ser mera acusação, tende a ser muito mais advertência dirigida a todos os países, visando de preferência o futuro do que o passado. A transcrição em prosa comum tira-lhe parte de sua força:

Precisamos abandonar a atitude pretensiosa (de quem sugere) que o mundo do Campo não possa ser compreendido por nós. Todos nós (do Campo) conhecíamos a sociedade que era capaz de produzi-lo. A ordem em vigor era-nos familiar na disposição geral. Por isso podíamos orientar-nos ainda nas últimas consequências dessa ordem em que o dominador podia desenvolver o seu poder em grau até então desconhecido e o dominado tinha de fornecer até a farinha dos seus ossos.

Vemo-los diante de nós, esses milhões de seres, na luz dos projetores, entre insultos e latidos de cães, e o mundo pergunta como era possível que se deixaram trucidar daquela maneira. Mas nós, que ainda vivemos com essas imagens, nós sabemos que milhões de criaturas de novo podem esperar assim, em face do seu aniquilamento, e que esse aniquilamento irá de longe ultrapassar, em eficácia, os métodos antigos.[3]

3. A tradução aqui reproduzida diverge apenas em algumas palavras da versão, aliás excelente, que foi feita por Teresa Linhares e Carlos Queiroz Telles e que saiu pela Editorial Grijalbo, São Paulo – edição cuidadosa

De Novo, Auschwitz[4]

Entre os espetáculos mais importantes atualmente em cartaz nos teatros de São Paulo destaca-se, ao lado de *A Resistível Ascensão de Arturo Ui*, *O Interrogatório*, de Peter Weiss, apresentado pela Companhia Fernando Torres e Maurício Segall no Studio São Pedro.

Quanto à encenação de Celso Nunes, deve-se ressaltar a clareza didática com que, apesar dos cortes inevitáveis em face da extensão do texto, soube transmitir a advertência dirigida a todos os países. Segundo, a peça procura demonstrar – e Celso Nunes acentuou esse fato na cena final, de grande vigor –, a mesma engrenagem que tornou possível e produziu os campos de extermínio, nivelando verdugos e vítimas na mesma destruição espiritual e moral, que continua funcionando ainda hoje. Muito boa, por isso mesmo, a repetição enfática de certo trecho três vezes enunciado, no qual uma testemunha afirma que um dos médicos ensinou-lhe que, apesar da terrível degradação geral, era possível respeitar a vida de um ser humano, tudo dependendo da firmeza de cada um:

Ele me mostrou que havia a possibilidade
de influir naquele maquinismo
se houvessem outros iguais a ele.

É pena que Celso Nunes não tenha recorrido outras vezes a esse recurso para destacar outros trechos igualmente importantes.

Constituem parte integral da encenação, aumentando-lhe o valor documentário, ampliando e intensificando o relato verbal, os *slides* de Cecília Petraglia, projetados sobre três telas, as laterais mostrando quadros dos campos de concentração e a central apresentando as foto-retratos

que reputamos entre as mais importantes em matéria de teatro, no ano de 1970.

4. *Folha da Noite*, 2.12.1970.

dos carrascos de Auschwitz, na medida em que são chamados a depor (todos os réus são interpretados, de modo variado, por Renato Consorte, em um dos seus melhores desempenhos).

A encenação, no seu todo, permanece fiel à aspereza e secura do canto-relato dantesco, devendo-se salientar o ritmo incisivo, rápido e preciso que Celso Nunes lhe imprimiu. Entretanto, na medida em que o diretor acrescentou "teatralidade" ao texto, a encenação se torna menos feliz. Assim, afigura-se supérflua a primeira cena, em que o elenco dramatiza, isto é, torna atual e transforma em presença cênica o campo de concentração, ao passo que o texto se mantém sempre no distanciamento do relato, tal como apresentado no Processo de Frankfurt, mais de vinte anos posterior aos acontecimentos relatados. Entende-se, no entanto, essa tentativa de colocar o espectador dentro da atmosfera do Campo.

Da mesma forma, parecem menos felizes os momentos em que os depoimentos são dramatizados pela fala demasiado emocional, com os atores irrompendo em gritos lancinantes (o uso da voz em *fortíssimo* é um vício que precisa ser superado: é sintoma de impotência expressiva. O *pianíssimo* é muito mais eficaz). Esse emocionalismo não corresponde à fria sobriedade do texto, admirável recurso do autor para, através de uma espécie de retórica negativa, precisamente pela falta de acento, enfatizar o estado de desumanização a que chegaram os habitantes do Campo (por mais que no processo real se tenham descarregado as paixões). Quem mais de perto chegou, nesse sentido, às intenções do autor foram as duas atrizes, Jandira Martini e Regina Braga, ambas excelentes. (Beatriz Segall, anunciada no programa, aliás muito bem elaborado, não participa do espetáculo, por razões ignoradas). Embora o elenco, no seu todo, se afigure homogêneo e bem entrosado, trabalhando com um empenho que decorre da convicção, merecem destaque particular Sylvio Zilber, Zanoni Ferrite, Abrahão Farc (às vezes, demasiado histriônico) e Jonas Mello, além de

Renato Consorte, já mencionado. Tullio Costa e Ninete van Vuhelen colaboram eficazmente com o cenário e os figurinos, neste espetáculo que talvez seja o mais significativo do ano.

5. "O VIGÁRIO", DE HOCHHUT[1]

A versão portuguesa de *O Vigário* só recentemente me veio ás mãos, de modo que li, por ora, somente a "Nota do Tradutor", que demonstra o cuidado e a paixão com que o sr. J. Alves dos Santos se entregou ao seu difícil trabalho.

O meu comentário sobre a peça (Suplemento n. 412, de 9.11.1965) baseia-se numa das edições alemãs (Rowohlt, 44º a 57º milhar, 1963), anterior, portanto, à utilizada pelo sr. Alves dos Santos. Na edição que consultei – e em todas as anteriores, ao que me consta, o trecho em foco, da citação de Mauriac, foi omitido. Não sei a partir de que edição, exatamente, passou a ser inserido. É evidente que não só eu e sim também outros comentaristas, anteriormente,

---

1. Suplemento Literário de *O Estado de S. Paulo*, 23.1.1965. O texto constitui resposta de Anatol, na seção "Correspondência" do Suplemento Literário de *O Estado de S. Paulo*, a carta de leitor comentando artigo de Anatol Rosenfeld publicado no mesmo órgão no seu n. 412.

criticaram a omissão, sendo que Hochhuth se apressou a completar a citação.

Não atribuo nenhuma gravidade especial a esta pequena lacuna; nem usei, nunca, o termo "mutilação". Tampouco me serviu essa pequena falta, numa epígrafe, de "madeiramento à construção" do meu artigo. Fundamentei a minha argumentação em considerações gerais acerca do problema da ficção, mais de perto acerca do problema da verdade histórica e da verdade ficcional; considerações essas que independem por completo da citação de Mauriac. Referi-me à omissão apenas por julgá-la sintomática. E se escrevi: "Essa omissão de Hochhuth é ponto decisivo no tocante aos problemas propriamente dramáticos do drama. É ela que, passando da epigrafe à própria peça, lhe invalida em parte a estrutura", desejava exprimir, metaforicamente, que a atitude de que decorre a omissão na epígrafe é a mesma que presidiu a construção da própria peça e da personagem do papa. Este – assim me parece – deveria ter sido apresentado debatendo-se com o "terrível dever" (veja o trecho omitido) que lhe impõe o fato de a Igreja ser, além de corpo crístico de Jesus, também instituição histórico-política. Critico, pois, a atitude que exigiu do papa o cumprimento do dever místico, sem lha conceder pelo menos a nobreza humana de viver o conflito trágico de quem arca ao mesmo tempo com o "dever terrível" da responsabilidade secular. Essa atitude, por sua vez, explica-se pelo fato de Hochhuth não ter encontrado documentos que comprovassem esse conflito (o próprio Hochhuth admitiu isso). O historiador Hochhuth, portanto, prejudicou o ficcionista Hochhuth, que deveria procurar apresentar um "papa essencial" e não um "papa empírico"; papa empírico, ademais, que não pode ter veracidade histórica, visto que o ficcionista Hochhuth, por sua vez, prejudicou o historiador Hochhuth, como se evidencia particularmente na grande cena do papa, totalmente fictícia.

Creio que minha argumentação é válida também nos casos de poetas citados pelo sr. Alves dos Santos. Todos eles visaram, ao que me parece, a uma verdade fundamental, poética, ultrapassando a verdade histórica ou manipulando livremente o material histórico. Isto é particularmente visível no caso de Schiller. Historiador de qualidade excepcional, escolheu como dramaturgo o caminho da ficção decidida, mesmo nas peças históricas.

De modo algum foi meu intuito negar o valor da peça. Considero Hochhuth um autor de talento incomum, impelido por profundo sentimento religioso. Cabe à casa editora e ao tradutor um grande mérito por terem tornado acessível a um amplo círculo de leitores uma peça importante, proporcionando-lhes ao mesmo tempo a possibilidade de julgarem, de próprio conhecimento, um problema que vem sendo debatido com paixão em muitos países e cuja abordagem torna *O Vigário,* segundo a expressão de um grande periódico norte-americano, "a obra mais controvertida de uma geração".

6. PROBLEMAS DO TEATRO ALEMÃO[1]

Sob o título "Falta um Centro de Gravidade", O. Schuh escreve um artigo, no periódico *Der Monat*, em que explica a atual crise do teatro alemão como decorrência de profundas causas estruturais. As transformações provocadas pela II Guerra Mundial abalaram seriamente a ordem hierárquica e os critérios de valor do palco germânico. Não é possível recompor-se a situação anterior a 1933, visto já não existirem os mesmos dados políticos. A circunstância de a Alemanha já não ter uma verdadeira Capital, uma metrópole cultural capaz de traçar as diretrizes nacionais, ainda poderia ser superada. Mas seria necessária a adoção de novo critério.

Segundo Schuh, a Alemanha se encontra hoje numa curiosa situação: dois encenadores, que gozam de fama e prestígio em Berlim, são considerados até mesmo principiantes num centro meridional do país. Uma peça de T.S.

---

1. Suplemento Literário de *O Estado de S. Paulo*, 31.10.1956.

161

Eliot, apresentada com êxito em Düsseldorf, é tida em outra cidade, com características semelhantes, como obra de mestre de grupo escolar. Cada cidade forma, por assim dizer, o seu juízo de valor. Daí ser quase impossível uma orientação, nesse caos. Alfred Kerr, famoso crítico teatral de antes de 1933, podia emitir conceitos *ex-cathedra*: seu julgamento prevalecia durante uma década. Seus sucessores e imitadores, contudo, descobrem em cada cidade seu próprio Max Reinhardt. Poderiam existir, assim, critérios válidos para um país inteiro?

Dessa crise estrutural – prossegue o autor – resulta o fato grave de que já não se podem formar conjuntos homogêneos, porque ninguém deseja fixar-se numa só cidade. Todos sabem que só podem tornar-se expoentes de prestígio nacional se têm o beneplácito de ao menos cinco centros importantes. Outra consequência dessa situação é o ressurgimento de companhias ambulantes, formadas por um astro e um grupo de atores medíocres, percorrendo o país geralmente com uma peça de terceira categoria, quando, antes da guerra, dezenas de teatros estáveis de província já haviam atingido, por vezes, um nível equiparável ao de Berlim.

Contribui também marginalmente, para a crise, o desvio de valiosos elementos para a "dublagem" cinematográfica, visto que, na Alemanha, só em casos excepcionais uma película é apresentada em língua estrangeira, com legendas traduzidas. Certo número de atores, absorvidos por essa atividade, ganham até cem mil mensais, preferindo o lucro fácil ao sortilégio do teatro.

7. "O TEATRO ACORRENTADO"[1]

Juergen Ruehle exerceu até 1955 a função de crítico teatral na zona oriental da Alemanha. Na primavera de 1955 transferiu-se para a parte ocidental. *O Teatro Acorrentado* é um exame do teatro comunista e esquerdista em geral, principalmente na Rússia e na Alemanha.

O 1º capítulo é dedicado a Máximo Gorki e ao seu desenvolvimento do anarquismo romântico e nietzschiano para o marxismo. Descreve as suas relações contraditórias e mesmo antagônicas com Lênin e a final reconciliação com a URSS, depois da volta da Itália, quando escreve (em 1931) a peça *Somov e Outros*, na qual, por ocasião do primeiro grande processo contra os membros de uma suposta conspiração, toma o partido do bolchevismo. De particular interesse é a discussão da influência de Gorki no

---

1. Suplemento Literário de *O Estado de S. Paulo*, 4.7.1959. Sobre o livro de Juerguen Ruehle, *Das Gefesselte Theater*, Colônia/Berlim: Kiepenheuer & Witsch, 1957.

desenvolvimento da teoria do realismo socialista. Segundo o autor, as ideias de Górki (já em si bastante confusas) foram completamente deturpadas, ao ponto de o realismo socialista posterior representar exatamente o contrário das concepções gorkianas.

No 2º capítulo, é historiada com minúcias a situação de Stanislávski nos anos revolucionários e posteriores – desde o momento em que a mais famosa companhia teatral russa, profundamente burguesa, é defendida por Lênin contra todos os ataques e enviada por Lunatcharski a uma *tournée* europeia e americana para que pudesse sobreviver ao turbilhão revolucionário, até 1938 quando Stanislávski morre cercado de todas as honrarias bolchevistas. O stalinismo adotou o esquematismo exterior do "sistema" (de Stanislávski) como um dogma de tal modo rígido que os palcos sujeitos a esse método são incapazes de apresentar qualquer modalidade de renovação teatral. O "sistema tornou-se uma rodinha no mecanismo do Estado totalitário, Deus sabe sem a culpa subjetiva do criador deste sistema".

As partes seguintes são dedicadas ao teatro revolucionário da Rússia, principalmente a Meierhold, Aleksander Taírov e Evguên Vakhtângov. É estudada a técnica "biomecânica", o gesto como comentário e antecipação do texto (com o que Meierhold preparou a teoria de alienação de Brecht), o construtivismo dinâmico do espaço cênico, a abolição de cortinas e bastidores, a integração de cena e plateia, o abandono do palco ilusionista; depois, o "teatro desenfreado" de Taírov, com a exaltação da arte pura do "ator sintético" que, com o "gesto emocional" e expressivo se aproxima da dança e da pantomima expressionistas. Finalmente, a libertação do elemento lúdico, com Vakhtângov.

É importante observar que o esteticismo bastante l'*art pour l'art* de alguns desses estúdios experimentais foi integrado, sem dificuldades, pelo teatro russo revolucionário, tanto assim que a revolução artística precedente (1905-1914) – espécie de sublimação da fracassada revolução política de 1905 – desembocou diretamente na revolução política de 1917. O esteticismo apolítico da vanguarda foi, de certa forma, uma consequência dos recalques sofridos pela *intelligentzia* russa depois da derrocada de 1905. Assim, os expressionistas, futuristas e simbolistas da literatura e do teatro tornaram-se protagonistas da "Arte de Outubro". A revolução, naquele estágio, veio a ser uma verdadeira libertação estética a que se associaram as aspirações renovadoras de um público aberto às ideias mais audazes e o pleno apoio do Estado. A grande época do teatro revolucionário terminou com a ascensão de Stalin. Em 1939, Meierhold acusou o realismo socialista de ser uma "concepção estéril e mísera": "Se aquilo que hoje ocorre nos melhores palcos de Moscou é considerado como magna façanha do teatro soviético, então prefiro ser acusado de formalismo". Um dia mais tarde foi preso, desaparecendo em seguida sem que se saiba do seu fim.

Todo um capítulo é dedicado a Sergei Obraszov, cujo teatro de marionetes sobreviveu a todos os perigos da época estalinista, precisamente por representar um oásis num clima inteiramente politizado: seus bonecos se servem de todas as conquistas de Taírov e Vakhtângov – com o beneplácito oficial. O próprio Stálin não exigiu nenhum realismo socialista desses bonecos – os únicos, nessa época, que não eram títeres.

Capítulos especiais abordam o teatro de Pìscator e de Brecht e a sua apreciação negativa na Alemanha Oriental; e o teatro musical de Walter Felsenstein, dirigente artístico da Ópera Cômica de Berlim. É analisada a miraculosa sobrevivência, no sistema comunista, desse grande homem de teatro, já que as músicas custam ao Estado rios de dinheiro. As partes finais estudam a dramaturgia russa da época revolucionária e a crise atual da peça comunista, a dramaturgia esquerdista e esquerdizante da Alemanha e do Ocidente (de Romain Rolland e Ernst Toller a Sartre e Arthur Miller). No capítulo final é analisado o mecanismo da política teatral comunista – repertório e planejamento de programas; tratamento da herança clássica; teatro infantil; situação de atores e diretores; organização do público e da crítica teatral até a época do degelo e do "curso novo".

A obra é uma ampla apreciação crítica de cerca de cinquenta anos de teatro revolucionário. Deve-se, naturalmente, levar em conta que o autor é um "exilado" que escreve com certa amargura. Ademais, nos dois anos que se passaram desde a publicação do livro já ocorreram várias reviravoltas "dialéticas". Assim, o relativo ostracismo de Brecht, descrito por Ruehle, já não corresponde aos fatos. Há agora, depois da sua morte, um enorme surto brechtiano na Alemanha Oriental. O mesmo se pode dizer de Piscator. Durante muito tempo desprezado como "pequeno burguês", é precisamente agora objeto de uma campanha de reabilitação que parece abrir-lhe largas perspectivas na zona oriental da Alemanha.

Quarta Parte:

TEATRO ALEMÃO
NOTAS E COMENTÁRIOS

1. REVIVESCÊNCIA DO TEATRO ALEMÃO[1]

A revivescência do teatro alemão, no após-guerra, tem sido mais difícil do que a da literatura. Fala-se de um verdadeiro "curso de recuperação" que os palcos e os dramaturgos germânicos precisam fazer, apoiados no teatro internacional, antes de poderem voltar às próprias fontes. Toda a obra de Sartre foi aproveitada para esse "curso". Também as peças de Albert Camus, Jean Anouilh, Jean Giraudoux e Paul Claudel se tornaram obrigatórias no repertório. Dos norte-americanos, Tennessee Williams, depois de Eugene O'Neill, conquistou o palco alemão, embora os críticos o considerem inferior a Gerhart Hauptmann. Arthur Miller, mais com *The Crucible* (*As Feiticeiras de Salem*) do que com *Death of a Salesman* (*Morte do Caixeiro-Viajante*), alcançou grandes êxitos, enquanto Thornton Wilder quase desapareceu das casas de espetáculos. Entre os ingleses,

---

1. Suplemento Literário de *O Estado de S. Paulo*, 22.12.1956.

169

encena-se naturalmente T.S. Eliot e, depois, Christopher Fry, cujo teatro poético é muito apreciado. Uma das maiores "descobertas" do após-guerra é García Lorca, cuja dramaturgia se encontra quase toda traduzida, além de parte de sua poesia e prosa.

Nessa situação, é relativamente pequeno o número de grandes valores dramáticos próprios. Depois, da morte de Bertolt Brecht, resta só um nome importante: Carl Zuckmayer. Dos mais novos, distinguem-se dois suíços de língua alemã, Friedrich Dürrenmatt e Max Frisch, ambos novelistas, e Wolfgang Borchert, que foi duas vezes preso, sob o regime nazista, e quase executado, após uma condenação à morte. Esse jovem, de talento reconhecido, voltando moribundo da guerra, faleceu em 1947, aos 26 anos, um dia antes da estreia de sua única peça – *Lá Fora, Diante da Porta* –, apresentada anteriormente pelo rádio.

2. "A RAPOSA E AS UVAS"[1]

Na edição de março do periódico alemão *Theater der Zeit* (zona oriental de Berlim), encontra-se reproduzida uma cena da peça *A Raposa e as Uvas*, de Guilherme Figueiredo, precedida de um artigo de introdução em que o autor, Ernst Schoen, deplora o fato de a peça ter sido descoberta na Alemanha Oriental por mero acaso. Descoberta por sorte,

houve necessidade de outro acaso para entrar em contato com o autor. Quando finalmente esse contato se estabeleceu, verificamos que *A Raposa e as Uvas*, peça escrita em 1953, desde então não só fora apresentada em vários países da América Latina, rendendo ao autor dois prêmios, mas que em 1955 fora levada à cena em Viena, numa tradução de Margot Feder. À base dessa tradução, da versão argentina e de uma versão brasileira nova, definitiva, elaborou-se finalmente o texto alemão de acordo com o qual a obra será encenada em alguns teatros da República Democrática Alemã.

---

1. Suplemento Literário de *O Estado de S. Paulo*, 8.1958.

171

As vicissitudes pelas quais passou esta obra

até finalmente ser representada entre nós são marcadas em demasia pelo acaso. Diz-se constantemente que o mundo se tornou muito pequeno; no entanto, no que se refere à colaboração cultural, o mundo parece ainda demasiado grande [...] Tudo começa com o fato de a literatura progressista de um país se tornar conhecida dos outros somente pelas informações ou pela inclinação de alguns indivíduos e por meio de relações casuais; e termina com o fato de os povos – na medida em que têm ideias uns dos outros — só as têm tortas e erradas. Seria desejável que se organizasse um *clearing-house* (Câmara de Compensação) dos artistas avançados de todos os países.

3. AS ÚLTIMAS OBRAS
DE GERHART HAUPTMANN[1]

Saiu, em 1956, em nova edição, a Tetralogia dos Átridas, de Gerhart Hauptmann, a qual reúne as tragédias *Ifigênia em Áulis, A Morte de Agamenon, Electra* e *Ifigênia em Delfos*. Nessas obras, das últimas escritas pelo grande dramaturgo alemão e ainda pouco conhecidas, quase nada se nota do humanismo clássico de Goethe, antes tão caro a Hauptmann. A experiência dos horrores da guerra sobressai nessas tragédias nas quais, embora referentes a um tema antiquíssimo, transparece nitidamente o pesadelo do nazismo. As imagens de um mundo remoto revelam a face da nossa época: "O caos invadiu o mundo!", exclama Agamenon. "Em torno latem os cães asquerosos do abismo". É comovente ver como o poeta de oitenta anos (falecido em 1946) parece perder a fé na humanidade.

1. Suplemento Literário de *O Estado de S. Paulo*, 3.8.1957.

Saiu também, de Hauptmann, *Der grosse Traum* (*O Grande Sonho*), epopeia de 25 cantos escritos em terzinas. Pouco antes da sua morte, o autor de *Os Tecelões* disse: "A essa obra nada tenho a acrescentar". Visivelmente inspirada por Dante, a obra é uma vasta visão da história e do pensamento humanos. Sem recorrer a um enredo, o autor coloca lado a lado imagens do mundo helênico, palestino e moderno, bem como pensamentos gnósticos, teosóficos e místicos, acabando por exaltar a dissolução no Nada que liberta o homem do grande sonho da vida.

4. PEÇA DE KAFKA[1]

A peça desconhecida de Franz Kafka, cuja descoberta no ano passado suscitou muita sensação, tende a provocar atualmente muita celeuma, já que vários especialistas põem em dúvida a sua autenticidade. A peça chama-se *O Voo em Torno da Lâmpada* e teria sido esboçada por Kafka em 1922 para uma companhia teatral ídiche que então se apresentava em Praga. Em seguida, o autor teria se dirigido ao diretor Ludek Mandaus – que ainda hoje trabalha em Praga como diretor de óperas – pedindo-lhe que a adaptasse à cena. Nessa adaptação – e em língua ídiche – a peça teria permanecido nas mãos de Mandaus que, no ano passado, repentinamente resolveu entregá-la ao público. Desde então a peça foi retraduzida(?)* para o alemão e já editada.

---

1. Suplemento Literário de *O Estado de S. Paulo*, s/data.
* Interrogação do autor.

5. SCHILLER E DÜRRENMATT[1]

Acaba de ser editada a alocução que Friedrich Dürrenmatt proferiu em Mannheim sobre Friedrich Schiller, ao receber o Prêmio Schiller por motivo dos festejos do bicentenário de nascimento do dramaturgo alemão (editora Arche, Zurique, 1960). Essa alocução, já famosa por causa do escândalo que provocou, inicia-se assim:

"Meus senhores, como acabam de ouvir, fui distinguido com o Prêmio Schiller da cidade de Mannheim, de modo que não há jeito de eu me esquivar de também comemorar Schiller – uma tarefa a que, por força das circunstâncias, venho de enjeitar-me, embora eu não saiba a quem devo agradecimentos, a Schiller ou ao sr. Prefeito de Mannheim". Todavia, prossegue, a ele, Dürrenmatt, caberia certo direito de falar sobre Schiller. Este, afinal, escreveu o drama nacional dos suíços (*Guilherme Tell*) e não o dos alemães. "É verdade, ele conhecia os alemães muito melhor do que a nós, os suíços. Se tivesse sido suíço – por exemplo, um súdito dos graciosos

1. Manuscrito.

177

senhores de Berna, certamente teria deixado de escrever essa peça". Um pouco mais adiante, Dürrenmatt afirma que a oração lhe apresenta inúmeras dificuldades: "Não sou nem teórico da literatura, nem conhecedor de Schiller. Escritor de profissão, só ocasionalmente e nas horas vagas posso dedicar-me à literatura [...] Falta-me também o impulso de ocupar-me com aquela literatura que se ocupa com a literatura".

6. SEMPRE SHAKESPEARE[1]

Segundo estatísticas, o autor mais apresentado em 1956 e 1957, nas duas Alemanhas, na Áustria e na Suíça de língua alemã, foi Shakespeare, com quase 2.500 apresentações. Dessa forma, bateu Goodrich e Hackett, representados, é verdade, por uma única peça – *O Diário de Anne Frank* –, que foi levada à cena 1.691 vezes, somente nas duas Alemanhas. Seguem-se Lessing e, em ordem decrescente, com mais ou menos mil apresentações, Schiller, Shaw, Goethe, G. Hauptmann; com menos de mil, e com mais de quinhentas apresentações seguem: Ibsen, Curt Goetz, Goldoni, Anouilh, Molière, Kleist, Brecht. Em seguida: Priestley, A. Miller, Giraudoux, Patrick, Fenn, Sartre, Pagnol.

O teatro musical floresce intensamente nas duas Alemanhas. O compositor de óperas contemporâneo mais apresentado, no mesmo período, foi Carl Orff, com 304

---

1. Suplemento Literário de *O Estado de S. Paulo*, 8.1958.

179

apresentações em 29 palcos. O compositor clássico mais apresentado foi Mozart, com 2.097 apresentações em 150 palcos, seguindo-se-lhe Verdi, com 1.910 apresentações em 145 palcos. Muito apreciados são também Werner Egk e Benjamin Britten, cujas óperas vêm sendo levadas à cena em ambas as zonas da Alemanha.

7. TEATRO ATUAL[1]

Siegfried Melchinger, que é um destacado crítico alemão, aborda na edição de bolso de *Theater der Gegenwart* (Teatro da Atualidade), todos os aspectos do teatro alemão de hoje – arquitetura, arte de representar, público, literatura dramática e encenação. Considerando o teatro atual uma decorrência da revolução modernista de 1910, deriva daí o seu anti-ilusionismo radical, em oposição ao teatro ilusionista ou "perspectívico" introduzido pelos italianos a partir de 1600 e levado ao ápice pelo naturalismo por volta do século xx. Com o teatro anti-ilusionista impõem-se, ao lado do palco tradicional, cenas "espaciais", por vezes sem cortina, que se comunicam com a plateia, à semelhança de certas formas de palco mais antigas, também conhecidas na Ásia. Entretanto, sendo impossível, segundo o autor,

---

1. Manuscrito. Sobre o livro de Siegfried Melchinger, *Theater der Gegenwart*, Frankfurt: S. Fischer, 1956.

181

apresentarem-se Schiller ou Ibsen e outros no moderno palco espacial, recomendam-se hoje soluções arquitetônicas que conjuguem ambas as formas de cena, mediante a ribalta móvel que possibilita diversas transformações, desde o palco com orquestra, passando por formas intermediárias (shakespearianas) até os vários tipos de teatro de arena.

Ao abandonar o ilusionismo, o teatro tende a voltar à verdadeira *illusio*, termo que significa "começar a função lúdica" (de *inludere, illudere*). O axioma do ilusionismo foi a "naturalidade", como se, no teatro, se tratasse de "verdade" e não de mero "jogo". Ao restabelecer a autêntica *illusio*, o teatro atual timbra em ser mera "aparência", insistindo no *ludus*. Realça, como essência do teatro, a insatisfação em face do mundo como é. Visando ao imaginário, já não pretende apresentar ideais ou ser um espelho da vida verdadeira, nem passar por instituto moral ou educativo. O que se cria é antirrealidade nascida da dolorosa tensão e oposição em face do "ser-assim-como-é" do mundo. Como representantes exemplares dessa concepção, que reintroduz não apenas a poesia a serviço do teatro, mas a própria poesia *do* teatro, o autor destaca Christopher Fry, Jean Anouilh e, por mais que isso possa surpreender, Bert Brecht de cuja obra isola, mediante uma dialética acrobática, as inovações formais e linguísticas, enquanto coloca, não sem ironia, a sua substância didática na tradição do Teatro dos Jesuítas.

8. NOTAS E APONTAMENTOS

É de autoria de Gerhart Baumann uma excelente obra: *Georg Büchner e Seu Mundo Dramático Expressivo* (editora Vandenhoeck & Ruprecht, Göttingen, 1961), na qual são estudadas em particular as influências de Büchner sobre G. Hauptmann, Wedekind, Schnitzler e Brecht, enquanto ao mesmo tempo Büchner é apresentado como um dramaturgo em quem confluem momentos característicos do drama espanhol, de Shakespeare, da *Commedia dell'Arte* e do romantismo.

* * *

Erich Kaestner, autor de livros infantis mundialmente famosos, também divulgados em versão cinematográfica, foi distinguido com o Prêmio Georg Büchner de 1957. Na ocasião da entrega do prêmio, proferiu em Darmstadt (em cujas proximidades nasceu Büchner) um discurso em que definiu o

183

Woyzeck – pelo menos a primeira parte da peça – como uma *Tragedia dell'Arte*, criando assim o conceito complementar da *Commedia dell'Arte*. Precisando a sua observação aguda, Kaestner acrescentou que algumas das personagens são concebidas como caricaturas. O *Woyzeck* seria a primeira obra de um gênero novo, a "Tragédia Grotesca".

* * *

De 1895 a 1901 August Strindberg escreveu uma série de cartas a Kerstin, filha que teve com sua segunda esposa, a austríaca Frida Uhl. Esse matrimônio, aliás, se desfez logo depois do nascimento da criança. Kerstin vivia, naquela fase, em casa da avó, Marie Uhl, na Áustria. Por isso, Strindberg escreveu as cartas em alemão, língua que não dominava muito bem como se verifica pelos termos assaz toscos dessa correspondência. Entretanto, qualquer que fosse a língua, a filha não a entenderia, pois contava exatamente oito meses ao receber a primeira carta do pai. A curiosa correspondência, na qual se manifesta o profundo amor de Strindberg pela filha e a confiança que nutria pela sogra – apaixonada adepta do ocultismo como ele – é de grande interesse biográfico, já que Strindberg revela nas cartas muitos dos problemas psíquicos e financeiros que o atormentavam naquela fase. Em 1901, ao casar pela terceira vez, encerrou a estranha correspondência, que acaba de ser editada pela primeira vez na língua original por Torsten Eklund[1].

* * *

No ano passado apareceram, por motivo do centenário de nascimento de Gerhart Hauptmann, numerosos escritos que focalizam vários aspectos da vida e da obra do grande dramaturgo alemão. Entre essas publicações destaca-se a obra de Rolf Michaelis (crítico teatral em Stuttgart), dedicada ao

---

1. A. Strindberg, *Briefe an seine Tochter Kerstin*, Hamburgo: Claassen, 1963.

"Segundo Caminho de Hauptmann". Estudando "Hauptmann, o Desconhecido", particularmente as obras que escreveu após a sua viagem à Grécia (1907), *O Zeus Grego*[2] nos apresenta um dramaturgo muito distante do naturalista inicial. A Grécia, longe de inspirar a Hauptmann uma visão apolínea – como a viagem italiana para Goethe –, ao contrário o aproximou ainda mais do mundo dionisíaco, dos "poderes telúricos" que sempre lhe eram mais familiares. Numerosas obras, como *A Máscara Negra, a Harpa de Ouro, O Arco de Ulisses* e, principalmente, a tetralogia átrida, testemunham a forte e prolongada influência dessa viagem. Rolf Michaelis apresenta uma interpretação cuidadosa destas e de outras peças; a obra talvez contribua um pouco para difundir uma outra ideia de um autor que, ainda hoje, é conhecido principalmente como o criador de *Os Tecelões*.

* * *

São de Max Frisch, talvez o maior romancista e dramaturgo suíço de língua alemã, as seguintes palavras:

Entre as experiências decisivas da minha geração conta-se o fato manifesto de que, para dar um exemplo, um homem como Heydrich, o assassino da Boêmia, foi um músico proeminente e muito sensível, capaz de conversar com espírito, e com autêntico conhecimento – e mesmo com amor – sobre Bach, Haendel, Mozart, Beethoven, Bruckner. O que distingue esse tipo humano pode ser chamado de "cultura estética". O cunho característico dela é a falta de compromisso, a gratuidade. É uma modalidade espiritual apta a pensar o mais sublime e incapaz de impedir o mais vil – uma cultura que se eleva com esmero sobre os imperativos do dia.

A cultura, nesse sentido, compreendida como um nobre ídolo que se satisfaz com as nossas realizações artísticas e científicas, cultura como esquizofrenia moral, evidentemente, não poderá salvar-nos.

* * *

2. *Der schwarze Zeus: Gerhart Hauptmanns zweiter Weg*, Berlim: Argon, 1962.

De Robert Musil, o famoso autor austríaco (*O Homem Sem Predicados*), acaba de aparecer na série *Clássicos* da editora Rowohlt (Hamburgo) uma coleção de críticas teatrais, reunida por Marie-Louise Roth, após longas buscas em jornais e revistas. O volume contém apreciações valiosas de encenações de Max Reinhardt e de espetáculos do Teatro de Arte de Moscou em Viena, assim como de representações de peças de Büchner, Toller, Ibsen etc. Vários escritos são dedicados a atores famosos.

Por ocasião da visita do Teatro de Arte de Moscou, Robert Musil assistiu a *Ralé* (Górki), *As Três Irmãs* (Tchékhov) e *Os Karamasov*(segundo Dostoiévski), todas apresentadas em Viena (1921). Musil não era um tipo muito emotivo. Ainda assim, escreveu: Esses espetáculos lhe proporcionaram "as maiores comoções e os mais profundos momentos de felicidade que a arte e a vida podem dar-nos. *Apesar de eu não ter entendido nenhuma palavra.* É a perfeição da arte teatral"[3].

*   *   *

Max Frisch acaba de receber o grande Prêmio Literário Internacional de Jerusalém, "graças à viva e penetrante representação do anseio humano pela liberdade, quer como indivíduo, quer como membro da sociedade". É a primeira vez que um autor de língua alemã recebe esse prêmio israelense e a primeira vez que se fala publicamente alemão em Israel (embora através da boca de um suíço). Na ocasião, Frisch disse na sua alocução alemã: "A língua alemã é minha língua materna e ninguém pode escolher a sua língua materna. Pode-se, porém, assumir a pesada tarefa de purificá-la" (dos crimes cometidos em seu nome). Certamente se deve também à nova situação diplomática entre Israel e a Alemanha o fato de que, no futuro, se poderá ouvir nas estações de rádio israelenses as óperas de Wagner em língua alemã.

3. Grifo de Anatol Rosenfeld.

* * *

Acabam de ser lançadas, em volume editado pela editora Langen-Müller, Munique, as obras literárias de Oskar Kokoschka. O livro reúne as peças, alocuções, novelas e a correspondência do grande pintor expressionista. Particularmente as peças teatrais de Kokoschka, típicas da fase expressionista alemã, exerceram considerável influência sobre o teatro moderno que muitas vezes se inspirou nas suas visões irreais e nas suas personagens mítico-simbólicas. Isso foi ainda recentemente reconhecido por Thorton Wilder, que confessou dever muito à arte de Kokoschka.

* * *

O periódico alemão *Theater und Zeit*, publicou no seu n. 10 (1966) um comentário sobre a apresentação da última peça de Peter Weiss, *A Instrução*, em Estocolmo, sob a direção de Ingmar Bergmann. A peça, como se sabe, é um documentário que seleciona, estiliza e condensa os interrogatórios dos acusados de Auschwitz, no recente processo de Frankfurt. O comentarista, E.M. Salzer, acentua o tom sóbrio, a fria distância da encenação que revela, sem piedade, todos os detalhes, todos os fatos terríveis, sem comentário pessoal do diretor, que se comporta como um cirurgião. A crítica sueca, citada por Salzer, exalta a peça e a encenação. "Peter Weiss é a grande força dramática da Europa", escreve O. Brunius (*Expressen*). "Seu oratório [...] é essencial de um modo bem diverso e numa dimensão bem outra que o teatro em geral [...] Weiss mostra que Auschwitz não é um acidente. É uma história que pode repetir-se em qualquer momento porque o pano de fundo é o mesmo". Outro crítico afirma que a peça não visa suscitar ódio e sim vigilância. "Não são só os alemães que advertem. A advertência é universal". Erikson (em *Stockholm Tidningen*) declara tratar-se "de uma das encenações mais inteligentes que vi [...] Enquanto Piscator (em Berlim) concebeu a peça como um drama dantesco, como uma bela e sinistra visão crepuscular que se apaga em trevas, Bergmann preferiu mostrar que o processo continua; renunciou a qualquer intensificação e ganhou, assim, em clareza e atualidade".

* * *

Não obteve êxito teatral a "tragédia política" de Günther Grass, *A Plebe: Ensaio e Levante*. O tema básico do famoso autor de *O Tambor de Lata* é, no entanto, interessante e engenhoso: a personagem central da peça é o "chefe", isto é, Bertolt Brecht em pessoa, ensaiando o levante da plebe romana da peça *Coriolano*, de Shakespeare (que há pouco foi apresentada com imenso êxito pelo Ensemble de Berlim, na encenação do próprio Brecht). Enquanto Brecht ensaia o levante, a plebe berlinense se revolta, no famoso levante de 17 de julho, dirigido contra o regime comunista[4]. Grass estuda o comportamento ambíguo de Brecht – a peça resulta em diatribe contra ele, embora o respeite como grande homem de teatro. A ideia é brilhante, focalizando o drama de um homem que é, ao mesmo tempo, totalmente artista e totalmente *engagé*. Entretanto, segundo a crítica quase unânime (da imprensa ocidental), tanto a peça como a encenação berlinense não convenceram. Se Brecht é o "herói" da peça de Grass, vale a pena mencionar que o próprio Grass tornou-se o "herói" da peça de Dennis Rosa, *The World of Günter Grass*, apresentada *off Broadway* em Nova York. Trata-se de uma montagem de cenas dos seus poemas e romances

4. Parece uma referência à Revolta ocorrida em Berlim Oriental, em 16 de junho de 1953 e que se prolongou até o dia seguinte. Foi uma manifestação de trabalhadores da construção que inicialmente parecia terminar bem, até o momento em que um cartaz clandestino foi exposto e fez lançar palavras de ordem que apelavam para uma greve geral para o dia seguinte e reclamando eleições livres e democráticas. No dia 17 de junho a onda espalhou-se por numerosas cidades da Alemanha Oriental, no setor soviético. Uma multidão de 60 mil pessoas atacou a polícia e incendiou os jornais do regime comunista.

* * *

Analisando em *Akzente* quatro encenações da peça *A Perseguição e o Assassinato de Jean-Paul Marat etc.*, de Peter Weiss, o crítico Ernst Wendt verifica que cada uma das interpretações – em Berlim (Ocidental), Wiesbaden, Rostock (Alemanha Oriental; esta encenação foi também apresentada em Hamburgo) e Londres – diverge radicalmente de todas as outras ao ponto de as atitudes ideológicas de uma a outra quase chegarem a se inverter. A razão disso seria, segundo o crítico, a indecisão imanente à peça. A atitude de Weiss seria a de um autor a quem nenhuma das ideologias dominantes se afigura aceitável. Por isso mesmo, o crítico considera a melhor encenação a de Peter Brook (Londres), por ter um desfecho "aberto" – sem mencionar que a representação de Londres teria sido a mais repleta de ideias geniais, a mais poderosa, agressiva e cruel no sentido de Artaud.

* * *

De Gerhart Haupmann, acaba de aparecer um volume maciço de 1075 páginas, com o título *As Grandes Confissões* (Berlim, editora Propyläen, 1966), contando escritos autobiográficos, diários, memórias, em parte já publicados anteriormente, em parte inéditos. É com extraordinária desenvoltura e franqueza que o grande dramaturgo, falecido em 1946 aos 83 anos, discorre sobre a sua vida amorosa, num estilo nem sempre antológico. Violentos protestos foram apresentados por um cidadão, cuja mãe, durante certo tempo amante do autor, é por este caracterizada, em alguns trechos, com expressões que não podem ser reproduzidas. O filho declarou que "não estou disposto a aceitar que a memória de minha mãe seja arrastada de tal forma para a lama".

* * *

Mimus Eroticus é o título de uma obra em três volumes, riquissimamente (e audaciosamente) ilustrados, cujo autor é Arthur Maria Rabenalt, diretor e historiador teatral (Hamburgo, 1965). A obra apresenta uma minuciosa história da *voluptas ludens*, isto é, dos espetáculos de fundo sexual na Antiguidade, Idade Média e no Renascimento. Curiosamente, o autor inclui na obra as lutas antigas de gladiadores, os processos medievais contra heréticos e outros espetáculos semelhantes que, embora encenados, não deixam de ser plenamente reais (pelo menos para aqueles que eram as vítimas desses espetáculos), ultrapassando, portanto, a cena.

* * *

Obra verdadeiramente monumental é a *História do Teatro Europeu*, de Heinz Kindermann (editora Otto Mueller, Salzburgo), da qual até agora apareceram sete volumes, cada um com cerca de quinhentas a oitocentas páginas, devendo em breve sair o oitavo dedicado ao naturalismo. Kindermann é catedrático do Instituto de Ciências Teatrais da Universidade de Viena e uma das maiores autoridades no campo. A obra é, de fato, uma história do *teatro* que aborda a literatura dramática apenas como um dos elementos cênicos. Ao ator, à cenografia, ao estilo de representação, aos diretores, às concepções gerais do teatro, à visão de palco e público no contexto social e espiritual de cada época é dedicado espaço bem maior do que aos dramaturgos. Kindermann contou, para sua obra, com a colaboração não só dos assistentes e estudantes da sua cadeira, mas literalmente de todas as bibliotecas europeias que lhe forneceram imenso material iconográfico, rigorosamente interpretado pela equipe universitária, além de um sem-número de monografias que enchem centenas de páginas de bibliografia. Só os volumes 5, 6 e 7 (Ilustração e Romantismo) apresentam mais de mil ilustrações. É evidente que, a partir do Renascimento, a atenção do autor se concentra no teatro da Itália, Espanha,

França, Inglaterra e Alemanha/Áustria. Todavia, há também amplas informações sobre a vida cênica de países até agora menos focalizados – tais como a Hungria, os países eslavos, escandinavos, Portugal e a Holanda.

* * *

Numa entrevista concedida por Ionesco a Peter Lennon – publicada no *Manchester Guardian Weekly* –, o famoso dramaturgo, de quem atualmente um escrito vem sendo filmado, aprovou uma palavra de Nabokov, segundo a qual seus livros (os do autor russo) não "entregam" nenhuma mensagem ao leitor, já que ele não deseja competir com os carteiros. Segundo declarou Ionesco na entrevista, Brecht não passa de um simples carteiro. Falando de Beckett, que teria uma profunda sensibilidade pelo "destino trágico do homem", Ionesco disse que o considera um dos dois grandes dramaturgos vivos da nossa época. Com certa ingenuidade, o repórter perguntou ao interlocutor quem era o outro dos dois, como se houvesse sequer a mínima possibilidade de o outro ser outro que não o próprio Ionesco. Sobre o "destino trágico do homem", Brecht, aliás, já se externou ocasionalmente dizendo que não lhe interessava por não poder modificá-lo. Em compensação, se interessava, segundo declarou, pela "triste miséria do homem", já que esta pode ser modificada.

* * *

Vem aumentando ultimamente, na Alemanha, a edição de peças dramáticas escritas para fins de radiodifusão, isto é, de peças de radioteatro, expressão um tanto paradoxal, já que o termo "teatro" se deriva de "ver", "vista". Alguns autores atribuem a falta atual de dramaturgos teatrais alemães ao fato de os escritores mais talentosos preferirem escrever *Hoerspiele* (o termo alemão para tais peças e "jogos auditivos"), por se tratar de um gênero mais "puro".

* * *

Fato curioso: a Alemanha, geralmente tão interessada pelas coisas da França, só agora acaba de descobrir Alfred Jarry, cujo *Ubu Rei* há pouco foi apresentada pela primeira vez em teatros de Munique e Frankfurt. O periódico vanguardista *Akzente*, num número recente, vangloria-se da façanha de "apresentar Alfred Jarry ao público alemão – o pai de Père Ubu e da Patafísica: bloco errático na literatura europeia". O periódico apresenta vários trechos da obra de Jarry, além de um pequeno ensaio do mesmo sobre Gerhart Hauptmann, e chama a atenção sobre o apreço do autor francês pelo dramaturgo alemão Christian D. Grabbe, contemporâneo de Büchner.

* * *

Como anuncia o periódico NDL (*Nova Literatura Alemã*), que aparece na Alemanha Oriental, encontrou-se recentemente na Biblioteca da Universidade de Wroclaw (Breslau) o único exemplar da edição original de *Hamlet* que existe no continente europeu. O mesmo periódico informa que os colaboradores da Biblioteca Saltykov-Shtchedrin de Leningrado concluíram há pouco a catalogação da biblioteca particular de Voltaire, constituída de 6841 volumes. Ainda no mesmo periódico verifica-se que, desde 1945, foram lançados pelas editoras da Alemanha Oriental quase quatro milhões de volumes sobre Friedrich Schiller.

* * *

No periódico alemão *Deutsche Rundschau* (dezembro de 1959), Oskar Seidlin procura provar, com argumentos bastante ponderáveis, que Alexandre Dumas Filho, ao escrever *A Dama das Camélias*, romance que logo depois se transformou em êxito teatral universal, se inspirou basicamente no drama *Intriga e Amor*, de Schiller. Isso naturalmente não significa que o modelo de Margarida de Gautier não tenha sido a famosa *grisette*[5] parisiense Marie Duplessis. O fato, porém, é que o romance apareceu em 1848, sendo que em 1847 a temporada do Théâtre-Historique em Paris (dirigido por Dumas-pai) foi aberta com a apresentação de *Intriga e Amor*, traduzida pelo próprio pai do autor de *A Dama das Camélias*. Nessa tradução, o pai trabalhara durante uma viagem à Espanha que fizera em companhia do filho. É evidente que a situação básica da peça schilleriana é a mesma da obra de Dumas Filho. Oskar Seidlin mostra nos pormenores do texto até que ponto o jovem autor francês se apoiou na tradução da peça do jovem Schiller e também modelou as personagens conforme aquele drama do *Sturm und Drang* alemão.

* * *

Estudos de extremo interesse sobre a influência dos poetas no pensamento e comportamento social na Grécia antiga, de autoria do filólogo Bruno Snell, foram reunidos num volume com o título *Poesia e Sociedade* (editora Claassen, Hamburgo, 1965). Os ensaios abordam a influência não só da poesia lírica e épica, mas também da tragédia e da comédia. Segundo o autor – e tal tese lança uma luz sobre o problema da tragédia em geral – é Ésquilo o primeiro autor grego a apresentar situações em que o homem já não está na posse de valores de validade absoluta – podendo escolher entre dois imperativos contrários, ambos sagrados: sintoma de uma sociedade em estado já muito evolvido – mas não tanto que surja um caos de valores, todos sem aura sagrada.

* * *

Excelente estudo sobre Vladimir Maiakóvski acaba de aparecer na série de monografias da editora Rowohlt (Hamburgo). O autor, Hugo Huppert, reuniu magnífico material

---

5. *Grisette* refere-se a mulher francesa da classe trabalhadora do final do século XVII e o uso da palavra permaneceu comum através da *Belle Époque*.

de ilustrações e farta documentação, particularmente também sobre as estadas do poeta russo na Alemanha. Hugo Huppert é tradutor talentoso de Maiakóvski e conhecedor profundo da literatura russa.

* * *

Poetas da Loucura é o título de um curioso livro, há pouco aparecido na Alemanha, cujo autor, Horst Geyer, analisa a loucura de famosas personagens da literatura universal segundo critérios psiquiátricos. O Rei Lear, por exemplo, sofre de paralisia senil; Gretchen, a inocente vítima do *Fausto* goethiano, é vítima de "delírio"; *Pentesiléia*, de Kleist, é histérica. Também Édipo, Orestes, Otelo, Osvaldo (Ibsen) e outros heróis e heroínas são submetidos ao "tratamento" psiquiátrico do autor.

* * *

Interessante artigo sobre o dramaturgo irlandês Brendan Behan, falecido no início de 1964, apareceu no periódico alemão *Merkur*. Behan, de quem um tio criou o hino nacional da nova nação irlandesa, inspirou-se, à semelhança de Brecht e Dürrenmatt, no cabaré literário. Em *Brendan Behan Island* escreveu: "O dramaturgo deve procurar criar, nas suas obras, sempre a atmosfera do cabaré. É que o público quer ser entretido durante a representação. Caso os espectadores começarem a ficar enfadados, eles deverão ser interessados por interlúdios compostos de cantos e danças". Miss Joan Littlewood, diretora teatral conhecida, disse sobre a personalidade de Behan: "Brendan pairava no meio entre o amor aos velhos mitos e o escárnio deles. Apesar do seu sofrimento próprio e de sua solidão, conseguiu trazer ao mundo o riso – um remédio de que este mundo necessita com urgência. Ele foi um excelente estudioso que traduziu Marlow para o irlandês; e foi ao mesmo tempo o palhaço mais engraçado que se possa imaginar".

* * *

Após assistir a uma breve "cena" de Beckett (*Ir e Vir*), dentro de um programa de outras breves cenas do Teatro do Absurdo, o crítico alemão Joachim Kaiser chamou a pecinha de um TAT (Thematic Apperception Test)[6] para amigos de Beckett. "Possivelmente – acrescenta –, assistiremos logo mais a uma peça em que uma mulher quase invisível, apanhada no foco de holofotes com luz negra, exclama após um intervalo de duração torturante: 'Oh!'. Sem que se saiba exatamente se este 'Oh!' se refere ao aniquilamento do universo ou à ineficácia de um comprimido antibebê; poder-se-ão iniciar, agora, interpretações de alcance transcendental que nem sequer precisam estar errados. O grande Beckett já disse tanta coisa que até o seu silêncio significa muito".

* * *

O Dramaturgo Pirandello é uma coletânea de 22 ensaios, editada por F.N. Mennemeier (editora Kiepenheuer & Witsch, Colônia, 1965), na qual se destacam autores como Hermann von Ihering, Friedrich Muller e Peter Szondi. Em geral, os autores classificam Pirandello como pioneiro do Teatro do Absurdo, antecipando Beckett, Ionesco etc. O termo "absurdo" é definido não como "alógico", "desconexo", ausência de sentido, ordem e valor, porém como "antinômico". "Absurda" seria a discrepância entre ser e aparência, forma e vida – antinomias fundamentais da obra pirandelliana.

* * *

"Um mistério indecente", um "moderno drama de mártir", chamou o crítico alemão Joachim Kaiser a peça *Tiny Alice* (Alice Minúscula), de Edward Albee, por ocasião de

---

6. Conjunto dos mecanismos mentais mobilizados na "*situação-T.A.T.*", situação particular em que o examinador pede ao sujeito para imaginar uma história a partir de cada imagem (material T.A.T.), isto é, forjar uma fantasia a partir da realidade.

sua apresentação em Hamburgo. Já antes da estreia, apareceu – como não podia deixar de ser na Alemanha – uma interpretação filosófica da filósofa Dra. Ruth V.A. Schulz-Seitz ("Edward Albee – O filósofo-Poeta do palco"), na qual explica em dezenas de páginas o *opus metaphysicum* do jovem escritor americano que, segundo Kaiser, ficou tão surpreendido quanto o público ao perceber que há nele, no fundo, um dramaturgo religioso. As indecências de Albee, afinal, revelam que é um puritano extremamente pudibundo.

Quinta Parte:

TEATRO ALEMÃO E ÍDICHE NO BRASIL

1. HARRY NEUFELD: "HEUT IST WAS LOS" (ALGUMA COISA VAI ACONTECER)[1]

Assistindo a um ensaio para a revista *Heut ist was los,* tivemos o prazer de ver o sr. Harry Neufeld, *regisseur* e autor da ideia da peça, em plena ação. Desdobrando-se logo no piano, logo no palco improvisado, declamando, dançando e cantando, assemelha-se ele a um semideus ou a um mágico que inspira uma segunda vida aos seus artistas e que tanto os amassa e burila até que se identifiquem inteiramente com seus papéis. É preciso "pegar no pesado" para alcançar a leveza final. Chegar a levantar um braço, mover uma perna, dizer "ai!" de modo natural requer um trabalho sobrenatural. São admiráveis o empenho, a paciência e a coordenação do *ensemble*. Nunca vimos ninguém trabalhar tão arduamente na vida real como trabalham esses artistas para realizar o irreal.

1. *Crônica Israelita*, 30.4.1947.

Infelizmente, não estiveram presentes Luis Elmerich e Fred Deutsch, que martelarão os dois pianos. Ouvimos nesse ensaio (dedicado só a algumas cenas e alguns artistas) o belo e mavioso tenor do sr. José Biancardi, já conhecido através da Rádio Cultura, e que com *verve* impressionante cantou, em italiano, *Gern hab' ich die Frau geküsst* (*Com Prazer Beijei a Mulher*). "Acho que a peça será um êxito!", respondeu ele a nossa pergunta a respeito.

W. Strassburger desempenhou um Mefisto extremamente diabólico, de barbicha de bode, olhos faiscantes e dentes tremendamente arreganhados. Quando soltou a sua gargalhada demoníaca, sentimos um verdadeiro *frisson* na zona da espinha dorsal. Embora autor do texto, lembra-se ele, por ora, muito mal das suas próprias palavras. É por isso que disse: "Serei outro homem cinco minutos depois da *première*!" Ulla Friedlaender cantou uma paródia e esvoaçou levemente pelo palco imaginário, jogando flores invisíveis e distribuindo beijos por infelicidade igualmente imaginários. Eis a *glamour-girl* da revista. "A peça", disse ela, "me agrada imensamente, porém me falta ainda o 'mocinho'". Temos a profunda convicção de que tal mocinho não faltará durante muito tempo. Em caso de emergência, será recomendável dirigir-se à Titia Maria Teresa, da revista *O Cruzeiro*, que em tais casos costuma dar bons conselhos. Não ousamos falar em termos tão enfáticos da sra. Heim, visto ela possuir um marido terrivelmente musculoso. No papel de Gretchen, seduzida por Fausto, numa parodia bastante salgada, demonstra ela ter uma vivacidade arrasadora, não falando dos reais recursos da sua voz, já aplaudida no Teatro Municipal. Ela se sente à vontade diante da plateia. "Se o público se divertir tanto quanto eu, então tudo estará azul!" – eis a sua opinião.

Como deve ser, disse a última palavra, já meio rouco de tanto gritar, o ensaiador. "Espero", acentuou o sr. Neufeld, "que *Heut ist was los*, preparado com tanto amor e tanto cuidado, agradará à culta plateia ainda mais do que a última revista. Por superstição e como velho profissional, só rezo: teu, teu, teu. Espero ainda que todos dirão:

Pode ser que o Neufeld seja *meschugge**, mas que ele é um bom *regisseur* ele é!" Temos certeza que, quando, daqui a um mês, *Heut ist was los* (Alguma Coisa Vai Acontecer) seja levada à cena, *wird wirklich was los sein* (alguma coisa realmente vai haver).

Harry Neufeld[2]

Harry Neufeld nasceu a 7 de setembro de 1907 em Viena, como filho de Alice Neufeld e do médico Julius Neufeld. Sentindo-se atraído, irresistivelmente, pelo mundo do teatro, abandonou os estudos após o exame de madureza e conseguiu um contrato em St. Poelten, onde desempenhou papéis de cômico bufo. A sua primeira exibição em público deu-se numa opereta de Oskar Strauss – *Theresina*. Foi Franz Lehar quem o descobriu para o teatro. O talento do jovem Harry não podia escapar ao olho experiente do grande compositor, que era um amigo da família Neufeld.

De acordo com a tradição, passou os anos de aprendizagem nos palcos do interior.

De St. Poelten transferiu-se para Magdeburg, onde colheu, como mestre de dança, no Teatro de Operetas, os primeiros êxitos significativos. Mas o jovem ator, irrequieto desde o início, não se deixou prender pela vida calma da província. Abandonou a Alemanha, dividindo, até a sua partida para o Brasil, o seu tempo entre os palcos da Áustria e da Suíça alemã. Tornou-se particularmente um membro valioso do Teatro Nacional da Suíça, da *Fredi Scheim-Revue*, empresa em que trabalhou como autor, encenador e mestre do corpo de balé. Incansável, destacou-se também nos teatros municipais de Berna e Zurique, que costumavam recorrer à sua grande capacidade de trabalho para organizar as disposições coreográficas.

Em Viena, era contratado no Palco *Marischka*, como mestre de dança e dançarino grotesco, aparecendo, então,

---

* Amalucado.

2. Programa do espetáculo *Heute ist was los*, 7.8.1949.

ao lado de grandes valores como Rosa Barszony e Irene Zilahy, na opereta *As Flores do Havai*. Muitos vienenses lembrar-se-ão ainda dos êxitos que então conquistou como o Segismundo em *Im Weissen Roessl* (Taverna Cavalo Branco), papel que desempenhou no Teatro Municipal depois de Karl Farkasz.

A multiplicidade dos seus talentos, exercitados em todas as atividades da arte teatral, reafirmou-se brilhantemente quando, ainda em Viena, dirigiu, em colaboração com Kurt Hessky (que hoje vive no Rio), a opereta *Gruss und Kuss aus der Wachau* (*Cumprimentos e Beijos em Wachau*).

Porém, os acontecimentos históricos que envolveram a velha cidade dos imperadores e logo também o resto do continente europeu não admitiam que a sua atividade artística o brindasse com os frutos merecidos. Em 1938, Harry Neufeld abandonou Viena e emigrou para o Brasil, depois de mais um ano de êxitos nos palcos da Suíça.

Como verdadeiro *Proteus* que é, não lhe podia faltar, nas terras do Brasil, um amplo campo de trabalho. Poucos entre nós desconhecerão as múltiplas atividades em que, desde o início, se desdobrou, destacando-se logo como pianista em bares e reuniões, logo como organizador de festas e diretor de revistas infantis, logo como dirigente de bandas e coros, sem falar de inúmeras outras tarefas e funções em que o seu dinamismo, seu arrojo, sua tenacidade se fizeram indispensáveis.

Tais qualidades, unidas ao seu amor e conhecimento profundos do teatro, ao seu tino agudo como descobridor de talentos e a sua maestria como ensaiador, que o capacita a transformar uma coluna de chumbo em atriz graciosa e ágil – tais qualidades unidas concorreram para fazer da sua empresa teatral um empreendimento vitorioso.

Desejamos a Harry, ao festejarmos com ele o vigésimo aniversário das suas atividades no mundo mágico do teatro, que continue durante muitos anos com esta sua produtividade que tantas horas de alegria e encanto proporcionou aos amigos da arte de Tália.

2. "O DIBUK" NA APRESENTAÇÃO DE MORRIS SCHWARTZ[1]

Não é fácil, para quem desconhece substancialmente o teatro e a língua ídiche, apreciar os méritos da encenação de *O Dibuk*, levado ao palco do Teatro de Cultura Artística. O que talvez justifique um comentário nosso é o conhecimento da magnífica tradução portuguesa de Jacó Guinsburg, através da qual se nos revelou uma das grandes obras dramáticas da literatura universal e que despertou nossa profunda simpatia – mais estética do que "existencial" – pelo mundo místico do hassidismo. Foi forte a impressão emocional do espectador, ao ver em carne e osso as figuras que até agora só conhecia na sua versão literária. *O Dibuk*, indubitavelmente, é um dos dramas que se comunicam intensamente, mesmo através da mera leitura de uma excelente tradução. Mas, como verdadeira peça teatral, pede o

1. *Crônica Israelita*, 30.4.1954.

203

palco para manifestar-se em toda a sua pujança dramática. O mérito da apresentação de Schwartz é o de nos ter dado uma ideia teatral do imenso poder dramático da peça.

Dizíamos: uma ideia. Porque, nas condições em que o elenco se apresentou, uma realização perfeita teria sido impossível. A companhia, composta de um modo mais ou menos improvisado, com poucos ensaios, não poderia formar uma unidade homogênea. Os vários grupos e figuras da peça às vezes se chocam estilisticamente, como se seguissem reminiscências diversas de representações logo mais realistas, logo mais expressionistas. Alguns atores decididamente não estavam à altura dos seus papéis, embora nenhum chegasse a comprometer a peça. Jenny Lovitz, como Lea, merece ser destacada, graças à segurança com que interpretou seu dificílimo papel, conquanto convença mais no tocante à intensidade do que à pureza do seu amor. Jacob Kurlender, como Asriel, apesar da vibração angustiante da sua barba, deu uma interpretação empolgante do *tzadik* dotado de poderes mágicos, ao invocar os poderes sobrenaturais para exorcizar o *dibuk* da alma de Lea. Não é necessário dizer que Morris Schwartz é um grande ator. Não obstante ter tratado, como diretor, o seu papel (do Mensageiro) com certa liberdade, cortando aqui um pedaço, ajuntando acolá o texto de outra figura – aliás, escamoteada –, e embora por isso fizesse perigar a unidade dessa misteriosa personagem, deve-se salientar que, como ator, representa sozinho um espetáculo. A sua voz é uma orquestra e não se pode deixar de perdoar ao diretor Schwartz os pecadilhos cometidos contra a peça, a fim de dar ao ator Schwartz maiores oportunidades para fazer funcionar o esplendor sonoro do seu barítono.

Quanto aos *décors* (cenários), pouco nos agradaram sob o ponto de vista estético. São antiquados, devendo-se preferir linhas de simplificação estilizada. Tampouco nos encantou a composição e movimentação dos grupos humanos no plano espacial do palco. Quanto à orquestra, preferimos silenciar e a mesma discrição se recomenda com referência ao *camelot* (apresentador) que, antes do último ato, veio comunicar à distinta assistência a próxima apresentação em estilo de parque de diversões ou de anúncio da Metro.

Apesar de tais senões – inevitáveis –, foi profunda a nossa participação diante do admirável esforço do conjunto e a notável realização – surpreendente em face dos múltiplos obstáculos. Talvez o *ensemble* não conseguisse exprimir em toda a sua força o clima místico do mundo hassídico. Porém, apresentou uma valiosa interpretação da dramaticidade da ação. Merece ainda destaque o diretor de cena, Jaime Halperin, a cujo trabalho se deve boa parte do êxito.

3. OS DEUTSCHE KAMMERSPIELE NO TEATRO MUNICIPAL[1]

Os Deutsche Kammerspiele, conjunto teatral alemão constituído no Chile e enriquecido por vários elementos da própria Alemanha, apresentou no início de outubro de 1960, no Teatro Municipal, quatro peças – *Recordando Com Rancor* (John Osborne), *A Visita da Velha Senhora* (Friedrich Dürremantt), *A Louca de Chaillot* (Jean Giraudoux) e *O Agasalho de Castor* (G. Hauptmann).

Este comentarista só assistiu às apresentações das duas primeiras peças, mas acredita poder formular, à base delas, um juízo assaz correto: o conjunto não é representativo em nenhum sentido da verdadeira arte teatral alemã. É mais uma das companhias alemãs medíocres que nos têm visitado e, invariavelmente, em maior ou menor grau, decepcionado.

---

1. *Crônica Israelista*, 16.10.1960.

Reconhecem-se as dificuldades de um *ensemble* em *tournée*, forçado a recorrer, nas diversas cidades, a elementos estranhos para completar o elenco; reconhecem-se também o esforço, a boa programação e as nobres aspirações que falam em favor dos Kammerspiele. Todavia, o conjunto apresentou-se profissionalmente no Teatro Municipal – e não numa associação alemã particular – e, em consequência, o juízo forçosamente tem de ser rigoroso.

No tocante à peça de John Osborne, deve-se dizer que desde o início ela não "funcionou" devido ao cenário inadequado. De toque expressionista, o cenário nada tinha que ver nem com uma peça realista como esta, nem com o local inglês. Ademais, o cenário não criou o ambiente apertado, de sufocação e miséria (essencial ao entendimento da peça). Mesmo no amplo espaço cênico do Teatro Municipal, essa atmosfera abafada poderia ter sido criada com poucos recursos. Ora, é a partir desse ambiente que se entende o comportamento de Jimmy Porter, a sua irritação, a sua fúria, a sua revolta de intelectual talentoso, condenado pelas circunstâncias sociais. O que, na peça de Osborne, é um drama de fundo social, tornou-se na representação o caso patológico de um indivíduo desequilibrado. Rolf Morrell, o Jimmy Porter da peça, apesar da sua boa atuação, não conseguiu superar o erro fundamental da encenação, já que também teve pouco apoio por parte dos outros atores, entre os quais o melhor foi ainda Ged Wolfrum (Cliff Lewis).

Quanto à *Visita da Velha Senhora*, excelente peça do conhecido dramaturgo suíço Dürrenmatt, acentuou-se ainda a falha da direção, que neste caso brilhou pela ausência. Antes de ensaiar uma peça é indispensável ter uma concepção dela, ainda que seja errada. Só assim se pode imprimir à encenação um estilo coerente. A peça de Dürrenmatt tem forte cunho grotesco, de um grotesco que, de início hilariante, pouco a pouco se adensa e se torna angustiante ao extremo. O seu humor é *noir* e a paródia ácida: a moralidade de toda uma cidade é corrompida pelos dólares de uma milionária – a velha senhora – que exige o assassínio de um dos cidadãos mais populares da cidade, seu antigo amante. A cidade "em que Goethe pernoitou" vende a preço módico – um bilhão apenas – todo o humanismo ocidental. Vimos no palco, ao invés, uma coisa frouxa e indecisa que nada revelou do espírito da peça. A própria Heidi Kuhlmann, sem dúvida uma atriz de recursos, traduziu – no papel da velha senhora – somente os aspectos cínicos e vingativos de uma matrona rica, mas não o que nela há de demoníaco, de parca mítica, de ídolo de um mundo maduro para o *fin de partie* (final de jogo). O sr. Olszewski nada transmitiu da angústia do cidadão condenado à morte. O espantosamente grotesco séquito da velha senhora tornou-se no palco uma coisa amorfa, o *boom* econômico da cidade não se manifestou cenicamente – esse *boom* baseado na corrupção e no assassínio. O coro final – com a paródia dos versos de Sófocles e Schiller – não foi o pastiche de um coro de tragédia, mas a caricatura do esforço teatral de um grupo escolar. Silenciemos.

*   *   *

Esta peça foi particularmente assistida por muitos expoentes do teatro brasileiro, diretores, atores, críticos, que aguardavam a apresentação com o respeito e interesse que lhes inspira o grande nome do teatro alemão. A decepção foi geral (aliás, também no Rio). Com efeito, enquanto da Itália e da França nos vêm as melhores companhias, nenhum dos *ensembles* ditos alemães que até agora nos visitaram representa o teatro alemão. Se deixarmos de lado alguns bons atores, como H. Kuhlmann e R. Morrell, podemos dizer que qualquer conjunto brasileiro médio é superior à companhia que vimos, para não falarmos dos melhores, dos quais alguns podem competir em escala internacional. Só a ignorância da atual realidade cultural brasileira justifica o patrocínio de companhias medíocres, às quais dessa forma se dá um cunho representativo que de modo algum lhes cabe.

4. STUDIO-59

Leitura Dramática de Textos de Hauptmann[1]

Comemorando o centenário do nascimento de Gerhart Hauptmann, o Studio-59 realiza hoje e amanhã, às 20h30 horas, no auditório da Pró-Arte (rua Sergipe, 271), em língua alemã, a leitura dramática de partes de *Efigênia em Delfos* e *Hamlet em Wittenberg*, assim como o terceiro ato de *Os Tecelões*.

Nascido a 15 de novembro de 1862, na Silésia, Gerhart Hauptmann tornou-se famoso sobretudo com as peças de sua fase juvenil — *Antes do Nascer do Sol, Rose Berndt, A Ascensão de Hannele* e *Os Tecelões,* esta última considerada um dos maiores dramas sociais do teatro alemão. Depois de ter sido proibida pela censura da Alemanha guilhermina ("Fui tratado como um criminoso e um cão" – disse

---

1. Suplemento Literário de *O Estado de S. Paulo,* 22.1.1962.

o autor, mais tarde), a peça *Os Tecelões* estreou em 1893, em Berlim, tornando-se um marco no desenvolvimento da dramaturgia.

As primeiras obras de Hauptmann filiam-se ao naturalismo que, na década de 1880, revolucionou os palcos alemães, sob o influxo da apresentação de dramas de Ibsen. Contudo, enquanto o dramaturgo norueguês analisa principalmente a burguesia, Hauptmann apresenta em *Os Tecelões* um quadro terrível da miséria da classe operária de então, ao narrar, em largas pinceladas épicas, uma revolta popular ocorrida em 1840 na Silésia. Apesar de movimentar na peça amplas massas para fixar as reivindicações dos revoltosos, as personagens, segundo a opinião da crítica, são muito bem caracterizadas e têm extraordinária vitalidade. Referindo-se a *Rose Berndt*, James Joyce atribuiu aos caracteres de Hauptmann mais vida do que aos de Ibsen, embora reconhecesse que este sabia controlá-los melhor. É também significativo que Tchékhov tenha preferido a forma mais aberta e livre de Hauptmann à construção rigorosa do teatro ibseniano.

Em fases posteriores, Hauptmann – que também escreveu romances, contos e poemas – fez incursões pelo simbolismo e pelo neorromantismo inspirando-se, já velho, em temas da tragédia grega (*Ifigênia em Delfos, Ifigênia em Áulide, A Morte de Agamenon, Electra*). Falecido em 1946, sua fama internacional (hoje um pouco apagada, não obstante o apreço que continuam a tributar-lhe na Alemanha) se fundamenta principalmente nas obras escritas antes da I Guerra Mundial.

O elenco do Studio-59 que presta homenagem a Hauptmann é constituído por Karin Balz, Isita Hartmann, Doris Volhard, Willi Rummel, Ludwig Gaig e W.A. Günther, sob a direção de B.A. Aust.

"Ifigênia em Táuride", de Goethe, em Língua Portuguesa[2]

O Studio-59, dirigido por B.A. Aust, apresentou nos últimos meses, por várias vezes, em vários palcos, através de leituras dramáticas, montagens de duas obras de George Büchner (em língua alemã) e de *Ifigênia em Táuride*, de J.W. Goethe (em língua portuguesa).

Cenas de *Woyzeck* foram lidas por Wolfram A. Günther (como doutor e capitão), Ludwig Gaig (Woyzeck), Lisita Hartmann (Marie) e Tassilo Siebert (Andres). Verificou-se que, apesar da leitura muito expressiva, particularmente de Günther, Gaig e Hartmann, a dramaturgia de Büchner exige o movimento cênico, a pantomima, a metamorfose dos atores em personagens. A modernidade de Büchner reside precisamente no fato de ter sido um dos primeiros autores a ressaltar o problema da solidão e da impotência do diálogo. Daí a função enorme do gesto e do movimento cênico, ausentes numa leitura. O fato apontado não se manifesta com a mesma insistência em *Morte de Danton*, principalmente nos discursos de Robespierre e St. Just, magistralmente apresentados por Wolfram A. Günther. Ludwig Gaig deu-nos um Danton vigoroso e Lisita Hartmann uma Marion sensual e uma Lucile sensível.

Já em *Ifigênia em Táuride* o problema é diverso. O drama de Goethe se presta muito bem para uma leitura cênica, pois as palavras aí ainda dizem tudo. O palco é quase dispensável. Mas o grande texto de Goethe, apresentado em português, ainda que na correta e devotada tradução de Pedro de Almeida Moura, evidentemente não alcança a beleza do original; nem a alcançaria por inteiro depois de um trabalho de prolongada luta de gerações de tradutores, em que os posteriores se apoiassem nas conquistas dos anteriores. Por isso, a representação (o desempenho teatral) poderia ter acrescentado, neste caso, algo da força

---

2. *Crônica Israelita*, 31.10.1964.

que o texto em português não atinge. A mera leitura se ressente de certa monotonia, visto faltar o esplendor da palavra original. Isso, evidentemente, não desmerece o dedicado trabalho do grupo e a bela leitura de Sônia Oiticica (Ifigênia) e Sérgio Cardoso (Orestes), ambos dotados de vozes privilegiadas, cuja mera emissão é música. Também Wilson Ribaldo (Toante) e Tassilo Siebert (Pílades) – o último ainda um pouco inseguro – contribuíram para o resultado positivo.

Impõe-se ressaltar o idealismo do Studio-59 que, em condições adversas, tantos esforços envidou para divulgar no Brasil, para os brasileiros, uma das obras mais altas da literatura alemã.

"O Caso Oppenheimer"[3]

Igualmente no mês passado, sob a direção de B.A. Aust, apresentou-se em leitura cênica e em língua alemã *O Caso Oppenheimer*, de Heinar Kipphardt (à rua Sergipe, no Auditório da Pró-Arte). Tratava-se de uma versão condensada, com textos de ligação (para preencher as cenas omitidas) e comentários que, em alguns momentos, não mantiveram a objetividade e isenção do texto original, já que criticaram duas ou três vezes o procedimento dos acusadores, tendendo a criar uma disposição favorável a Oppenheimer. Essa disposição favorável é certamente a da maioria e concordamos com ela; mas não convém acentuá-la para não obscurecer a profunda ambiguidade da posição de Oppenheimer e para não atenuar o conflito de valores e princípios que o grande físico não conseguiu superar por uma opção clara e unívoca.

Falamos apenas "em princípio", pois o espetáculo transmitiu em essência – e de um modo vigoroso – o significado exato da peça. Todos os locutores dedicaram-se com

3. Ibidem, 16.7.1965.

214

desvelo à sua difícil tarefa: Hans Sander, Berthold Sorgenicht, Wolfram A. Günther, Werner Trasburger, Ulrich Neise, Ludwig Gaig (aliás, B.A. Aust, como Oppenheimer e I.I. Rabi) e Tama Sigulda, como narradora.

Foi muito meritória a ideia do Studio-59 de apresentar a leitura de uma peça que se debate com problemas fundamentais do nosso tempo. O grande aplauso consagrou a iniciativa.

"Você Conhece a Via Láctea?"[4]

A peça de Karl Wittlinger narra a estória de um homem que, expulso pela guerra da sua "estrela" (paraíso infantil + inocência + aldeia pátria + vida pura sem compromissos repugnantes), ao voltar depois de vários lustros de ausência, procura debalde integrar-se na "terra". Debalde, porque continua puro (simbolicamente lida com leite, na "Via Láctea", é infantil e cheio de *milk of human kindness*[5]) e, além disso, é oficialmente tido como morto. Pior ainda: adotou a identidade (os documentos) de um criminoso. A peça – de grande êxito internacional – tem méritos, certo tom de amarga e suave melancolia, momentos de *esprit* e trechos de contida poesia. Só decai quando o autor procura tornar-se profundo. Apesar de ser alemão, Karl Wittlinger não é especialista em profundidades. Em compensação, sobram-lhe graça e fantasia cênica.

A encenação de Wolfram A. Günther mantém em geral bom nível e joga habilmente com os elementos dramáticos e narrativos da peça. Alguns dos momentos mais poéticos infelizmente foram cortados. Mas o espetáculo corre fluente e transmite-se à plateia. Também o desempenho do sr. Günter mantém bom nível, embora ele nos pareça às vezes tenso demais. Certos esgares afiguram-se supérfluos e na cena

4. Ibidem, 16.7.1965.
5. Leite de carinho e compaixão pelo próximo.

final – em que aparece como o neurótico médico-chefe da clínica psiquiátrica na qual se desenrola o enredo – cedeu em demasia a um histrionismo fácil, pecando pelo exagero. Afinal, devemos reconhecer que, embora os psiquiatras raras vezes sejam completamente normais, nem todos são completamente loucos. O sr. Günter deixou-se seduzir em demasia pelo clichê do psiquiatra com macaquinhos no sótão.

Quanto ao sr. Werner Strasburger, aparece em numerosas caracterizações diversas, logo como escrevente, de dialeto bávaro, logo como acrobata, de jargão berlinense, logo como dono de botequim que deveria ter sido italiano (segundo o texto), mas que foi transformado em francês, aparentemente porque o sr. Strasburger sabe imitar melhor o sotaque francês que o italiano. Embora desta forma o ator tenha conseguido convencer o público da sua grande versatilidade, não serviu com isso à peça. Apresentou uma "performance" de artista de variedades, mas não de ator a serviço de um todo dramático. Em vez de aprofundar o seu trabalho, entregou-se inteiramente ao prazer pessoal do "travesti", coisa que não cabe em tal tipo de espetáculo. As caracterizações deveriam ter sido ligeiras, sem marcar em demasia as diferenças das várias personagens, por razões que aqui não podem ser expostas. Nisso, sem dúvida, deve--se atribuir tanta culpa ao diretor como ao ator. Um dos melhores personagens da peça, o dono do botequim, perdeu-se por inteiro porque o sr. Strasburger, em vez de criar um ser humano, estava demasiadamente ocupado em imitar superficialmente um sotaque e em caricaturar um francês (precisamente no teatro da Aliança Francesa).

É evidente que tais críticas não pretendem desmerecer o trabalho da direção e o desempenho dos dois atores, ambos de talento reconhecido. Ao contrário. Não se critica seriamente a quem não se atribui valor.

"Traeumereien in Paris"[6]

A comédia com o título acima, de Pierre Bürki, foi encenada por Wolfram A. Günter e apresentada em março no Teatro João Caetano. Comédia nada pretensiosa, leve, com o triângulo clássico (y + xx), variado por mais um ângulo fictício (representado pelo anguloso Wolfram A. Günter), a fim de, por meio da constelação yy + xx e da provocação de ciúme reduzir a relação ao ponto de partida y + x. Nisso intervém ainda uma sogra, o que nunca deixa de ter eficácia cênica.

Uma coisinha assim, mero pretexto para dar bons papéis a bons atores (visto que só esses podem dar graças a tal peça de bulevar), não é de fácil encenação. Wolfram A. Günter saiu-se a contento como diretor, embora nem sempre fosse possível obter a leveza, a *nonchalance* (despreocupação) e o ritmo exigidos por esse gênero. Ainda assim, a coisa espumou o suficiente para arrancar boas gargalhadas de um público bem disposto. O elenco, constituído por Paul Hatheyer, Tama Sigulda, Charlotte Koepmann, Ulla Lander, Wolfram A. Günter, Inga Riegert, Gisela Wokal, impressionou bem e obteve o merecido aplauso. Cenário de Heinz F. Budweg: bonito e adequado.

"Ai de Quem Mente!"[7]

Sob a direção de B.A. Aust, a Paulistaner Volksbühne apresentou em junho, no Teatro João Caetano, a famosa comédia de Franz Grillparzer, *Weh dem, der lügt*! (Ai de Quem Mente!), por motivo do seu 175º aniversário (1966). Aproveitamos a oportunidade para transmitir ao diretor os nossos cordiais parabéns por ocasião do seu 70º aniversário natalício, com o desejo de que possa, ainda durante muitos

---

6. Manuscrito.
7. Manuscrito.

anos, desenvolver a sua admirável e abnegada atividade em prol de um bom teatro em língua alemã.

Manifestação desse espírito corajoso foi a apresentação da comédia do grande dramaturgo austríaco – peça de encenação extremamente difícil que contrapõe a um elenco de amadores obstáculos quase intransponíveis. Que B.A. Aust, ainda assim, tenha conseguido pôr em pé um espetáculo que se sustentou é bem uma demonstração do seu empenho incansável. Merece destaque a dicção dos atores, geralmente boa, graças ao esforço do diretor. Sobressaiu o desempenho humorístico de Berthold Sorgenicht, que nos deu um Conde Kattwald muito bem "bolado". Elvira Quade, em dois papéis, saiu-se airosamente. Menos feliz foi Willi Bolle, como o protagonista Leon – personagem que exige uma desenvoltura físico-mímico-géstica de difícil acesso para um ator inexperiente. Também à Cornélia Bresslau falta ainda a experiência que o papel de Edrita exige. Horst Petersen, Felix Ahser, Thomas Ahlgrimm – todos razoáveis. O cenário de Mella Salm não favoreceu o ritmo rápido, próprio para esse tipo de peça.

O simples fato de se ter apresentado Grillparzer em São Paulo já é uma façanha que merece o aplauso do aficionado do teatro.

5. KABARETTUNGS G.M.B.H

Cabaré Alemão em São Paulo[8]

Sob a patrocínio da Pró-Arte, Edith Goerigk e sua Kaba-rettungs G.m.b.H. apresentou-se no mês de agosto de 1963, no Clube Transatlântico, com o novo programa *Der Fimmel auf Erden* (A Obsessão na Terra). Como sempre, a diretora conseguiu idealizar e compor um programa atual e eficaz para um público que – coisa importante nesse gênero cênico – já se tornou *habitué* e que lhe apreende as intenções, alusões e *pointes* com a disposição dos "iniciados". Felizmente, boa parte do programa não enveredou em demasia por particularidades intrincadas da República de Bonn (República Federal Alemã) e da R.D.A. (República Democrática Alemã), coisas só acessíveis àqueles que têm o tempo de ler minuciosamente jornais e revistas alemães.

8. *Crônica Israelita*, 31.8.1963.

Edith Görigk soube dosar com equilíbrio a sátira a fenômenos da política e cultura universais e a aspectos da Alemanha atual, suficientemente gerais para se comunicarem, de
imediato, a espectadores há muito radicados aqui.

Não é necessário dizer que a "velha guarda" se apresentou de forma convincente. Edith Goerigk teve um dos
pontos mais altos do programa com seu número "A Era de
Pedra" (ficamos, todos nós, homens mais ou menos civili-
zados, com vontade de bancar Tarzãs). W.A. Günter brilhou
com um número sobre a doença dos *managers* (gerentes)
("A Segunda Parte da Vida"), desenvolvendo um *prestíssimo*
verbal verdadeiramente fenomenal. F. Hassmann agradou
bastante com seu "Diga-o Com Jeito". Entre os novos membros do conjunto, merece destaque especial P. Nijinskij que,
num átimo, conquistou o público graças ao seu completo
desembaraço, seu charme e seu talento. Com seu número
"Gosto 63" obteve aplauso consagrador. B. Mickenhagen
não se sente ainda inteiramente à vontade no palquinho,
fato que a prejudicou um pouco. Tem, contudo, boa dicção.
Entre os números apresentados por quase todo o *ensemble*, tiveram êxito especial "O Éter em Mecha de Algodão"
e "Qual é o Superior", números deveras excelentes. Como
sempre, o programa, bem temperado com sal, pimenta-do-
-reino e vinagre, foi apresentado em ritmo vibrante. Esperamos que Edith Goerigk algum dia acrescente umas gotinhas
de óleo dendê, condimento indispensável em pratos baia-
nos. Herbert Böhr, ao piano, funcionou excelentemente e
a cena – de Bernardo e Budweg – se adaptou muito bem às
necessidades do espetáculo.

O Cabaré de Edith Goerigk[9]

Sob os auspícios da Pró-Arte, Edith Goerigk apresentou, nos
meses de novembro e dezembro de 1964, a sua Kabarettungs

9. Manuscrito.

G.m.b.H., com o novo programa *Und sie bewegt sich noch* (A Terra Continua se Movimentando) – programa idealizado e composto pela própria diretora que, ao mesmo tempo, é parte destacada do elenco. Ao seu lado apareceram Fredi Kleemann, Heinz Widetzky e Willi Rummel, enquanto Herbert Böhr, como de costume e com a arte de sempre, acompanhava os artistas ao piano. A ausência de Wolfram A. Günter – que costuma integrar o elenco – devia-se à sua participação na peça *Andorra*, no Teatro Oficina.

O novo programa de E. Goerigk veio a ser, sob todos os pontos de vista, um dos melhores já apresentados por ela. Impregnou-o o verdadeiro sopro espiritual do cabaré: espírito agressivo – também no sentido político –, cheio de sátira e paródia, vergastando as mesquinharias e ridicularias do nosso mundo com uma verve raramente vista entre nós. "La Goerigk" teve grandes momentos, quer como Cleópatra, quer como mocinha inocente ou discorrendo sobre o Muro de Berlim, mostrando a sua surpreendente versatilidade. Fredy Kleemann, já muito mais em casa e à vontade neste gênero de arte, teve um desempenho particularmente notável no papel do soldado americano das forças de ocupação que revê a Alemanha de hoje ("I Am Back Again" [Estou de Volta Novamente]); a pequena cena, com o cunho tragicômico que Kleemann lhe imprimiu, ilumina muita coisa com uma luz cortante. Heinz Widestzky, como todos sabem, nasceu para o cabaré. "O Grande Papel" – paródia a um ator alemão no momento atual – veio a ser mesmo um grande papel, senão para o ator representado, sem dúvida para Widetzky, o ator que representou o ator. Junto com Kleemann apresentou, com "Autores de hoje", uma das melhores cenas do programa. Willi Rummel apoiou os seus colegas com graça e jeito.

Todos que assistiram a este excelente programa aguardam com interesse e impaciência as novas manifestações do Teatro Íntimo de E. Goerigk. Esperamos que os intervalos entre as apresentações se tornem cada vez menores!

Lorota Sinfônica[10]

Realizou-se no mês passado mais um espetáculo do Teatro Intimo, da Kabarettungs G.m.b.H., de Edith Goerigk – aliás, o 1º programa, cujo título foi *Lorota Sinfônica* (Die 10. *Spinnfonie* [?]). O elenco, dirigido por Edith Goerigk, contava com os seguintes artistas: Fredi Kleemann, Peter Nijinskij, Beinz Widetzky e a própria diretora. Piano: Herbert Böhr. Cenário: Bernardo. A composição do programa não nos pareceu desta vez tão boa como da anterior — de nível realmente ótimo. Alguma coisa não engrenou bem; talvez a sala do "Cercle Suisse" não seja tão adequada como a anterior. Isso não quer dizer que não tenha havido alguns números bons, como por exemplo "Estranheza Total" (E. Goerigk, F. Kleemann). "Só Pensado" (P. Nijinskij), "Comida Torna Inteligente" (Edith Goerigk) etc. Alguns textos, embora de boa qualidade, não se comunicaram completamente à plateia. O fato é que Edith Goerigk acostumou-nos mal, isto é, muito bem: o nosso paladar ficou tão sensível que agora exigimos pratos e temperos cada vez mais fortes e requintados. Ai da ingratidão da massa ignara!

O Cabaré de Edith Goerigk (II)[11]

Entre os programas da Kabarettungs G.m.b.H. – o conhecido Teatro Íntimo de Edith Goerigk –, o último, com o título *Intellektduelle im Kampenlicht* (Duelo Intelectual na Berlinda) distinguiu-se pelo seu *élan* e pela apresentação de alguns números particularmente bem sucedidos. Edith Goerigk, responsável pela idealização e composição do programa, destacou-se também como intérprete, merecendo ser salientado *Stewardess* (Aeromoça) e *Enfado*. H. Widetzky, no dia em que assistimos ao programa, se

10. *Crônica Israelita*, 16.7.1965.
11. Ibidem, 31.12.1966.

mostrou com excelente disposição, agradando muito em *Bárbara* e *Visitante de Coquetel*. P. Nijinsky voltou bem insinuante, brilhando sobretudo em *Intermezzo em Paz*, junto com a Goerigk. Todos tiveram o apoio eficaz da interpretação de Heinrich Pflug, do piano de Herbert Böhr e da cenografia de Bernardo. O conjunto apresentou-se excelente em *Melodias Famosas*.

Talvez seja pedante criticar o texto de *Melhor Ficar Aqui* (E.R. Bock), em si bem feito e bem interpretado. No entanto, é um tanto fácil realçar a cultura da Alemanha em face da cultura do Brasil, opondo Goethe a Pelé. Por que não opor Max Schmeling (boxeador), ou coisa que o valha, a Guimarães Rosa – a quem a crítica universal compara a James Joyce (um crítico alemão até o comparou a Homero)! – ou os excelentes futebolistas alemães ao poeta Carlos Drummond de Andrade ou a artistas como Portinari ou Di Cavalcanti, universalmente conhecidos? Tais comparações são especiosas, malévolas e sem sentido. É característico dos alemães daqui ou dos seus descendentes – judeus ou não – que desconheçam a cultura brasileira, ainda mais que os alemães de lá ou que, pelo menos, não saibam valorizá-la, enquanto precisamente os espíritos mais avançados da própria Alemanha (por exemplo, Max Bense) se mostram entusiasmados pela arte que se faz aqui.

Dito isso, a título de descarga, reforçamos com o nosso aplauso o do público que raramente vimos tão satisfeito e tão insistente nas ovações.

O Teatro Íntimo de Edith Goerigk[12]

Surgido em Paris, nos fins do século XIX, o cabaré literário inspira-se em formas vetustas de teatro. Sobrevive nele o grotesco e a paródia das farsas e do mimo antigos, sobretudo, porém, a agressividade cheia de alusões atuais, o

---

12. *O Estado de S. Paulo*, 7.12.1969.

malabarismo verbal e a comicidade desenfreada de Aristófanes. Mais do que o teatro tradicional, o cabaré depende de um público homogêneo de *habitués* e de "iniciados" que, reunidos não em sala de teatro, mas em ambiente de boate ou restaurante, lhe entendem o "código", interpretando as entrelinhas e reagindo agilmente a alusões e ambiguidades. Se no cabaré se encontram elementos do teatro antigo, o teatro atual, por sua vez, inspirou-se muitas vezes no espírito do cabaré. De Jarry a Ionesco, de Brecht a Dürrenmatt, nota-se esta influência. Foi no Cabaré Voltaire, de Zurique, que nasceu um dos movimentos de maior alcance da arte moderna, o dadaísmo.

Apesar de não poder apoiar-se num público amplo, mas apenas numa pequena parcela dos círculos que dominam a língua alemã, Edith Goerigk apresentou, na temporada atual, o seu 16. programa, comemorando com ele dez anos de atividades cênicas no Brasil. O espetáculo, subordinado ao título *Die 10 ne wir zum Tribunal* (trocadilho que varia uma palavra de Schiller), compõe-se de cerca de vinte *chansons*, esquetes e meditações satíricas que, no seu conjunto, apresentam uma visão crítica, muitas vezes agressiva e caricata, da vida e dos costumes atuais. A encenação de Edith Goerigk, precisa e cheia de verve, imprime ao espetáculo um ritmo vertiginoso. É a ela e a Heinz Widetzky que se devem os melhores momentos do programa que conta ainda com a participação eficiente de Peter Dahlke, Uli Bruhn e do pianista Herbert Böhr. Deve-se salientar o alto gabarito literário de alguns dos textos cantados, evidentemente inspirados no estilo de Bertolt Brecht e de Hans Magnus Enzenberger. O primeiro devolve assim ao cabaré o que dele tirou.

6. TEATRO ALEMÃO[1]

O Deutsche Theatergruppe apresentou, no decurso de maio, no Teatro João Caetano, a comédia *Ein ganzer Kerl* (Um Sujeito Inteiro) de Fritz Peter Bach. Trata-se de uma peça leve e divertida, com algumas incursões no ligeiramente melodramático, em torno das dores de uma jovem que, forçada por circunstâncias várias, assumiu há bastante tempo, masculinamente – de calças, como convém –, a administração da fazenda do tio, com o evidente perigo de assim "ficar para titia". Felizmente, o filho do tio tem o bom senso de voltar na hora H, depois de longa ausência aventurosa pelo mundo afora. E é aí que a coisa pega.

Berta Slemer, como diretora, conseguiu imprimir no *ensemble* de amadores um tanto desiguais, com alguns elementos por vezes inseguros, uma conduta bastante satisfatória e mesmo, em alguns momentos, excelente – certamente

---

1. Manuscrito.

uma realização digna de louvores em face das circunstâncias adversas com que tem de lutar um grupo de amadores. Ao mesmo tempo, Berta Slemer desempenha o papel
principal, da sobrinha de calças, com muita personalidade
e vigorosa expressão. Evidentemente, as calças já não têm o
efeito de antes, uma vez que fazem, hoje, parte da indumen-
tária cotidiana do sexo chamado frágil. No entanto, ainda
assim Berta Slemer conseguiu, ao fim da peça, jogar com
felicidade o vaporoso vestido de baile contra a masculini-
dade anterior, realizando uma transformação estupenda de
mulher-macho em ninfa amorosa.

Bons, realmente bons, também Gottfried Horst, Heins
Wagner e Thordia Faure. A cenografia de Kurt Quade, dis-
creta e funcional.

ANATOL ROSENFELD NA PERSPECTIVA

Literatura e Personagem. In: Antonio Candido et al. *A Personagem de Ficção*, 1968.
O Problema da Paz Perpétua: Kant e as Nações Unidas. In: J. Guinsburg (org.). *A Paz Perpétua*, 2004.

Texto/Contexto, 1969.
Estrutura e Problemas da Obra Literária, 1976.
Mistificações Literárias: Os Protocolos dos Sábios de Sião, 1976.
Teatro Moderno, 1977.
O Mito e o Herói no Moderno Teatro Brasileiro, 1982.
O Pensamento Psicológico, 1984.
O Teatro Épico, 1985.
Texto/Contexto II, 1993. (coedição: Edusp e Unicamp)
História da Literatura e do Teatro Alemães, 1993. (coedição: Edusp e Unicamp)
Prismas do Teatro, 1993. (coedição: Edusp e Unicamp)
Letras Germânicas, 1993. (coedição: Edusp e Unicamp)
Negro, Macumba e Futebol, 1993. (coedição: Edusp e Unicamp)
Thomas Mann, 1994. (coedição: Edusp e Unicamp)
Letras e Leituras, 1994. (coedição: Edusp e Unicamp)
Na Cinelândia Paulistana, 2002.
Cinema: Arte & Indústria, 2002.
Anatol Rosenfeld Off-Road, 2003. (Edição Especial, em conjunto com a Pró-Reitoria de Extensão da usp e Edusp)
Anatol on the Road, 2006.
Preconceito, Racismo e Política, 2011.
Judaísmo, Reflexões e Vivências, 2012.
Brecht e o Teatro Épico, 2012.

DEBATES
[últimos lançamentos]

250. *A Ironia e o Irônico*, D. C. Muecke.
251. *Autoritarismo e Eros*, Vilma Figueiredo.
252. *Ensaios*, Alan Dundes.
253. *Caymmi: Uma Utopia de Lugar*, Antonio Risério.
254. *Texto/Contexto II*, Anatol Rosenfeld.
255. *História da Literatura Alemã*, Anatol Rosenfeld.
256. *Prismas do Teatro*, Anatol Rosenfeld.
257. *Letras Germânicas*, Anatol Rosenfeld.
258. *Negro, Macumba e Futebol*, Anatol Rosenfeld.
259. *Thomas Mann*, Anatol Rosenfeld.
260. *Letras e Leituras*, Anatol Rosenfeld.
261. *Teatro de Anchieta a Alencar*, Décio de Almeida Prado.
262. *Um Jato na Contramão: Buñuel no México*, Eduardo Peñuela Cañizal (org.).
263. *Isaiah Berlin: Com Toda a Liberdade*, Ramin Jahanbegloo.
264. *Indústria Cultural: A Agonia de um Conceito*, Paulo Puterman.
265. *O Golem, Benjamin, Buber e Outros Justos: Judaica I*, Gershom Scholem.
266. *O Nome de Deus, a Teoria da Linguagem, e Outros Estudos de Cabala e Mística: Judaica II*, Gershom Scholem.

267. *A Cena em Sombras*, Leda Maria Martins.
268. *Darius Milhaud: Em Pauta*, Claude Rostand.
269. *O Guardador de Signos*, Rinaldo Gama.
270. *Mito*, K. K. Ruthven.
271. *Texto e Jogo*, Ingrid Domien Koudela.
272. *A Moralidade da Democracia: Uma Interpretação Habermasiana*, Leonardo Avritzer.
273. *O Drama Romântico Brasileiro*, Décio de Almeida Prado
274. *Vodu e a Arte no Haiti*, Sheldon Williams.
275. *Poesia Visual - Vídeo Poesia*, Ricardo Araújo.
276. *Existência em Decisão*, Ricardo Timm de Souza.
277. *Planejamento no Brasil II*, Anita Kon (org.).
278. *Para Trás e Para Frente*, David Ball.
279. *Capitalismo e Mundialização em Marx*, Alex Fiúza de Mello.
280. *Metafísica e Finitude*, Gerd. A. Bornheim.
281. *Brecht na Pós-Modernidade*, Ingrid Dormien Koudela.
282. *Na Cinelândia Paulistana*, Anatol Rosenfeld.
283. *O Caldeirão de Medéia*, Roberto Romano.
284. *Unidade e Fragmentação: A Questão Regional no Brasil*, Anita Kon (org.).
285. *O Grau Zero do Escreviver*, José Lino Grünewald.
286. *Literatura e Música: Modulações Pós-Coloniais*, Solange Ribeiro de Oliveira.
287. *Crise das Matrizes Espaciais*, Fábio Duarte.
288. *Cinema: Arte & Indústria*, Anatol Rosenfeld.
289. *Paixão Segundo a Ópera*, Jorge Coli.
290. *Alex Viany: Crítico e Historiador*, Arthur Autran.
291. *George Steiner: À Luz de si Mesmo*, Ramin Jahanbegloo.
292. *Um Ofício Perigoso*, Luciano Canfora.
293. *Som-imagem no Cinema*, Luiz Adelmo Fernandes Manzano.
294. *O Desafio do Islã e Outros Desafios*, Roberto Romano.
295. *Ponto de Fuga*, Jorge Coli.
296. *Adeus a Emmanuel Lévinas*, Jacques Derrida.
297. *Platão: Uma Poética para a Filosofia*, Paulo Butti de Lima.
298. *O Teatro É Necessário?*, Denis Guénoun.
299. *Ética e Cultura*, Danilo Santos de Miranda (org.).
300. *Eu não Disse?*, Mauro Chaves.
301. *O Teatro do Corpo Manifesto: Teatro Físico*, Lúcia Romano.
302. *A Cidade Imaginária*, Luiz Nazario (org.).
303. *O Melodrama*, J. M. Thomasseau.

304. *O Estado Persa*, David Asheri.
305. *Óperas e Outros Cantares*, Sergio Casoy.
306. *Primeira Lição de Urbanismo*, Bernardo Secchhi.
307. *Conversas com Gaudí*, Cesar Martinell Brunet.
308. *O Racismo, uma Introdução*, Michel Wieviorka.
309. *Emmanuel Lévinas: Ensaios e Entrevistas*, François Poirié.
310. *Marcel Proust: Realidade e Criação*, Vera de Azambuja Harvey.
311. *A (Des)Construção do Caos*, Sergio Kon e Fábio Duarte (orgs.).
312. *Teatro com Meninos e Meninas de Rua*, Marcia Pompeo Toledo.
313. *O Poeta e a Consciência Crítica*, Affonso Ávila.
314. *O Pós-dramático: Um Conceito Operativo?*, J. Guinsburg e Sílvia Fernandes (orgs.).
315. *Maneirismo na Literatura*, Gustav R. Hocke.
316. *A Cidade do Primeiro Renascimento*, Donatella Calabi.
317. *Falando de Idade Média*, Paul Zumthor.
318. *A Cidade do Século Vinte*, Bernardo Secchi.
319. *A Cidade do Século XIX*, Guido Zucconi.
320. *O Hedonista Virtuoso*, Giovanni Cutolo.
321. *Tradução, Ato Desmedido*, Boris Schnaiderman.
322. *Preconceito, Racismo e Política*, Anatol Rosenfeld.
323. *Contar Histórias com o Jogo Teatral*, Alessandra Ancona de Faria.
324. *Judaísmo, Reflexões e Vivências*, Anatol Rosenfeld.
325. *Dramaturgia de Televisão*, Renata Pallottini.
326. *Brecht e o Teatro Épico*, Anatol Rosenfeld.
327. *Teatro no Brasil*, Ruggero Jacobbi.
328. *40 Questões Para Um Papel*, Jurij Alschitz.
329. *Teatro Brasileiro: Ideias de uma História*, J. Guinsburg e Rosangela Patriota.
330. *Dramaturgia: A Construção da Personagem*, Renata Pallottini.
331. *Caminhante, Não Há Caminho. Só Rastros*, Ana Cristina Colla.
332. *Ensaios de Atuação*, Renato Ferracini.
333. *A Vertical do Papel*, Jurij Alschitz
334. *Máscara e Personagem: O Judeu no Teatro Brasileiro*, Maria Augusta de Toledo Bergerman
335. *Razão de Estado e Outros Estados da Razão*, Roberto Romano
336. *Teatro em Crise*, Anatol Rosenfeld
337. *Lukács e Seus Contemporâneos*, Nicaolas Terulian
338. *A Tradução Como Manipulação*, Cyril Aslanov
339. *Teoria da Alteridade Jurídica*, Carlos Eduardo Nicolletti Camillo
340. *Estética e Teatro Alemão*, Anatol Rosenfeld

Este livro foi impresso na cidade de São Bernardo do Campo,
nas oficinas da Paym Gráfica e Editora, em março de 2017,
para a Editora Perspectiva